헬라어적 관점과 역사론적 관점과

관용어적 관점으로 본

하존 요한계시록 1

오흥복 지음

이 책을 선택하신 여러분은 탁월한 선택을 하셨습니다. 왜냐하면,
한국에서 이 세 가지 관점으로 요한계시록을 집필한 사람은
저밖에 없기 때문입니다.

엘맨
하나님의 사랑을 만들어 가는 ELMAN

헬라어적 관점과
역사론적 관점과
관용어적 관점으로 본

하존 요한계시록 1

초판1쇄 2020년 3월 30일

지은이 : 오흥복
펴낸이 : 이규종
펴낸곳 : 엘맨
서울시 마포구 토정로222 한국출판콘텐츠센터 422-3
출판등록 제1998-000033호(1985.10.29)
전화 : (02) 323-4060
팩스 : (02) 323-6416
이메일 : elman1985@hanmail.net
www.elman.kr
ISBN 978-89-5515-673-7 03230

값 12,800 원

계시라는 말에는 헬라어 '아포칼륍시스'와 히브리어 '하존'이라는 말이
있는데 '아포칼륍시스'는 자연계시, 일반계시, 특별계시를 모두 포함한
광역적인 계시를 말하고, 하존이란 한 가지 주제에 포커스(초점)를 맞추고
집중 조명하는 계시인데 저는 종말에 포커스를 맞추었기에
하존 요한계시록을 쓰게 된 것입니다.

http://cafe.daum.net/dhbsik
(서울 순복음 은총교회 홈페이지)

위 카페에 들어오시면 퍼즐 레마 성경공부와
서울 순복음 은총 교회와 기도응답 전문학교에서 강의한
강의 내용을 동영상으로 보실 수 있습니다.

목차

서문

서문

지금으로부터 7년 전, 저자가 27권의 책을 쓰고, 이제 쓸 책은 다 썼다 생각하고 무료하게 시간을 보내고 있던차, 어느 지인 목사님의 "요한 계시록 세미나에 함께 참석해 보시지 않겠느냐"는 제안에 그 목사님과 하루 3시간짜리 세미나에 참석하게 되었습니다. 강의를 들으면서 뭔가 90% 부족하다는 생각을 하며 집에 왔는데 그때부터 저의 머릿속에 요한 계시록을 저렇게 해석하면 되겠느냐는 여운이 사라지지 않고, 기도할 때마다 떠오르곤 했습니다. 그러기를 한달 그때 주님의 음성이 들려왔습니다. "그러면 네가 한번 요한 계시록을 해석해 보면 어떻겠느냐"는 제의였습니다. 그때 저는 주님께 당돌하게 대답했습니다. "알겠습니다. 주님! 제가 해보겠습니다". 그러자 주님께서 "그러면 어떻게 해석해 보려고 하느냐"라고 하셔서 저만의 특징을 살려 "헬라어적 관점과 역사론적 관점으로 한번 해석해 보겠습니다"라고 대답한 후, 3개월 만에 요한 계시록 세미나를 했습니다.

이렇게 요한 계시록 세미나 강의를 7번 하던차, 떠오른 생각은 "요한계시록은 관용어로 기록되었구나"하는 것이었습니다. "그러므로 관용어를 알지 못하면 아무리 헬라어적 관점과 역사론적인 관점으로 본다고 해도 요한계시록을 제대로 해석한다는 것은 불가능하겠구나"하는 생각이 들었습니다. 그래서 창세기부터 요한복음에 이르기까지의 관용어를 다 찾아내서 관용어를 정리해 "관용어로 본 성경"이란 책을 쓰게 되었고, 그때 요한계시록도 관용어로 정리하게 되었습니다. 그래서 본 책의 제목을 '헬라어적 관점과 역사론적 관점과 관용어적 관점으로 본 하존 요한계시록'이라는 제목을 붙이게 된 것입니다.

여기서 헬라어적 관점이란 헬라어 단어를 찾아 그 단어가 어떻게 태동했는지 그 유래를 찾아 정리한 것으로 계시록 7장까지 그 작업을 했습니다. 계7장 이후에는 대부분의 단어가 반복되기에 더 이상 유래를 찾아 정리할 필요가 없었습니다. 또한 개정성경의 요한 계시록 각 장의 구절을 헬라어로 요한계시록 1장부터 22장까지 해석해서 정리했습니다.

그리고 역사론적 관점은 저의 책「다가온 종말론」을 참고해 요한계시록 중간 중간에 역사적인 이야기를 삽입해 기록했습니다. 여러분들도 역사론적 관점으로 요한계시록을 알고 싶으시면 저의 책「다가온 종말론」을 꼭 읽어보셨으면 합니다. 그런데 여러분들이 요한 계시록을 더 깊이 연구하기 원하시면 이「다가온 종말론」란 저의 책을 반드시 구입해서 읽어보셔야만 합니다. 왜냐하면, 소 계시록인 마태복음 24장과 25장과 다니엘서에 기록된 역사와 주후 70년 예루살렘 멸망시의 사건을 역사론적인 입장에서 아주 잘 정리해 기록해 놓았기 때문입니다.

또한 관용어적 관점으로 기록했는데 관용어란 히브리어로 '마솰'이라 하는데 이 말은 잠언으로 말하는 말인데 그 뜻은 "속담, 격언, 관용어"란 뜻을 가지고 있습니다. 그런데 이 마솰에서 비유라는 사복음서의 파라볼레(관용어)가 유래되었는데 이를 관용어라 합니다. 그런데 놀랍게도 요한 계시록은 제1장부터 22장까지 이 마솰(파라볼레)로

다 연결 되어 있습니다. 그러므로 이 관용어를 알지 못하면 관용어라는 비밀코드로 되어 있는 요한 계시록을 아예 해석 할 수 없게 되어있는 것입니다. 그래서 저의 책「하존 요한계시록」은 특별히 이 관용어를 자세히 다루고 있습니다. 그러므로 여러분들이 이 책을 보시면 관용어라는 비밀코드로 되어 있는 요한 계시록을 잘 이해하게 될 것입니다.

또한 계시라는 말에는 헬라어 '아포칼륍시스'와 히브리어 '하존'이라는 말이 있는데 '아포칼륍시스'는 자연계시, 일반계시, 특별계시, 기타등등의 계시라 해서 광역적인 계시를 다루는 것을 말하고, 하존이란 한 가지 주제에 포커스(초점)을 맞추고 집중 조명하는 것을 말하는데 저의 책이 하존 요한 계시록입니다. 즉 이는 종말에만 포커스를 맞추고 요한 계시록을 해석했다는 뜻입니다. 이 책을 선택하신 여러분은 탁월한 선택을 하신 것입니다. 왜냐하면, 한국에서 이 세 가지 입장에서 요한 계시록이란 책을 쓰신 분도 없고, 이 세 가지 입장에서 세미나를 하시는 분은 한 분도 없기 때문입니다. 특별히 관용어적 관점으로 요한계시록이란 책을 쓰신 사람은 저밖에 없기 때문입니다.

2019년 9월
서울 순복음 은총교회 오흥복 목사 드림

하존 요한 계시록 1

제 1 강

계시록 1 장

|계 1 장

요한계시록

계시(아포칼립시스)

계시록 1:1절에 "예수 그리스도의 계시라 이는 하나님이 그에게 주사 반드시 속히 일어날 일들을 그 종들에게 보이시려고 그의 천사를 그 종 요한에게 보내어 알게 하신 것이라."하며 계시라는 말이 나오는데, 계시라는 말은 명사 '아포칼립시스(ἀποκάλυψις)'라는 헬라어로 이는 '아포칼립토(ἀποκαλύπτω)'라는 '덮개를 벗기다, 드러내다, 폭로하다'에서 유래되어 "덮개를 벗김, 이전에 감추인 것을 나타냄, 폭로, 드러냄, 벌거벗김, 계시, 공개, 표면, 덮어서는 안 되는 것'을 의미한다.

이 단어는 '폭로나 드러내다'에서 유래가 된 것 같이 폭로나 드러내는 것으로 사용되어 70인역 삼상20:30절을 보면 '벌거벗은'의미로 사용되었다. 그러다 후기에 와서 이 '아포칼립시스'는 주로 종교적 의미로 사용되어(눅2:32,롬8:19,롬16:25,고전1:7,갈2:2,엡3:3)쓰이다가 조직 신학적 개념으로 발전해 계시라는 용어로 사용하게 되었다(계1:1).

그런데 본문에 등장하는 '아포칼륍시스'라는 명사는 복수가 아닌 단수로 언급되어있다. 이는 계시록에 등장하는 계시들이 비록 구약의 많은 말씀들을 인용하여 기록하고 있지만 그러나 이는 관용어적 의미로 인용했을 뿐 하나님의 특별 계시에 의해 기록되었다는 말이다.

관용어적 인용이란 우리나라에서 속담을 인용해서 말 하듯이 유대인들은 구약성경을 속담처럼 인용해 생활 가운데 말했다는 것이다. 그러므로 계시록은 논문표절이나 짜깁기식으로 요한이 기록한 것이 아니라 순도 100% 하나님의 특별계시에 의해 기록했다는 말이다.

누가가 누가복음이나 사도행전을 기록할 때 눅1:3절에 의하면 "그 모든 일을 근원부터 자세히 미루어 살핀 나도 데오빌로 각하에게 차례대로 써 보내는 것이 좋은 줄 알았노니"하며 많은 자료를 수집해서 기록했다고 하고 있지만 요한이 계시록을 기록할 때는 누가처럼 자료를 수집해서 기록한 것이 아니라 100% 직통 계시에 의해 기록했다는 말이다.

또한 '아포칼륍시스(계시)'가 단수라는 말은 자연계시와 일반계시와 특별계시중 계시록은 이런 자연계시나 일반계시를 다루는 것이 아니라 오직 특별계시만 다룬다는 의미다. 그래서 요한계시록이 '아포칼륍시스'라는 단수로 된 것이다.

관용어적으로 '아포칼립시스'라는 말은 폭로를 말하는 말로 조직 신학적 용어로는 계시라는 뜻이고 단수이다.

카이로스 시간과 상징인 세마이노

계시록 1:1절을 보면 "예수 그리스도의 계시라 이는 하나님이 그에게 주사 반드시 속히 일어날 일들을 그 종들에게 보이시려고 그의 천사를 그 종 요한에게 보내어 알게 하신 것이라"하며 하나님이 예수님에게 주사 반드시 속히 일어나게 될 일들을 그 종들인 성도들에게 보이시려고 예수님이 천사를 예수님의 종 요한에게 보내어 알게 하신 것이라고 기록하고 있다.

그런데 여기서 '반드시 속히 일어날 일'이란 말은 '하 데이 게네스 다이 엔 타케이'라는 말로 여기서 '속히'에 해당하는 '데이'는 예언적 절대적인 필연성을 내포하는 것으로'틀림없이 필연적으로 확실하게 미래에 이루어질 것'을 말하는 말로 쓰이고 있다. 또한 '엔 타케이(빨리.신속)'는 '예기치 못한 때에 갑자기 성취되는 것'을 말하는 말로 쓰이고 있다(이 부분은 저의 책 계22:20절을 반드시 참고 하기 바란다).

다시 말해 시간에는 '카이로스'와 '크로노스'가 있는데 '카이로스'는 하나님의 시간을 말하고, '크로노스'는 사람의 시간을 말하는데, 여기서'속히 오리라'는 말은 '카이로스'시간인 하나님의 시간을 말하고 있다. 그래서 속히 오리라 하시고 2,000년이 지났음에도 불구하고 오시지 않기에 불신자들이 조롱하며 재림이 없다고 말하는데, 이는 벧후 3:8절에서 말씀 하신 것 같이 하나님의 시간을 의미하기에 속히 오리라는 말이 정확히 언제인지는 아무도 모르게 되어있다.

또한 "그 종들에게(성도들) 보이시려고 그의 천사를(예수님의 천사) 그 종 요한에게 보내어 알게 하신 것이라"하고 있는데 여기서 '보이시려고'는 '데이크사이'라는 말로 이 말은 '데이크뉘오(상징으로 보이다라는 말인데 상징을 다른 말로 관용어라 함)'의 3인칭 직설법으로 '상징으로 보여 주다'라는 말이고(관용어), '알게 하신 것이라'라는 말의 '에세마넨'은 '세마이노(지시하다)'의 미래형으로 '상징으로 표시하다, 상징으로 알게 하다. 상징으로 설명하다'라는 동사이다.
(참고로 기적과 표적이라는 말의 '세메이온'은 세마이노에서 유래가 됨)

다시 말해 계시록 전체를 주님은 상징으로 보여 주고, 상징으로 설명(말)하셨다는 말이다.

그래서 사람들은 계시록을 상징으로 보여 주고, 상징으로 설명했기에 상징으로 해석하려 한다. 그런데 상징을 상징으로 해석하면 성경을 해석하는데 큰 오류를 범하게 된다.
계시록 11장 8절을 보면 "그들의 시체가 큰 성 길에 있으리니 그 성은 영적으로 하면 소돔이라고도 하고 애굽이라고도 하니 곧 그들의 주께서 십자가에 못 박히신 곳이라"하였다. 두 증인이 죽은 장소를 가리켜 영적으로는 소돔이고 애굽인데 '그곳은 곧 주님이 십자가에서 죽은 곳이라'하며 영적(상징)인 장소를 실제(실상) 장소로 해석하고 있다.

이는 곧 상징에는 반드시 실상이 있음을 말해주는 대목이다. 그러므로 이렇게 상징으로 보여 주고, 상징으로 설명했다고 해도 이는 실상이 있는 상징이며 설명이라는 뜻이다.

이렇게 상징(영적 해석)이 있다는 말은 곧 실상이 있다는 것으로 계시록을 상징으로 기록했다고 해서 상징으로 해석하라는 말이 아니라 실상이 있으니 실상을 찾으라고 상징으로 보여 주고 말했다는 뜻이다. 그러므로 우리는 반드시 상징의 실상을 찾아내야 하는 것이다.

관용어적으로 상징으로 보여주고 말했다는 것은 실상을 찾으라는 말이며 동시에 관용어로 말했다는 것이다.

증언인 말튀스

계시록 1:2절을 보면 "요한은 하나님의 말씀과 예수 그리스도의 증거 곧 자기가 본 것을 다 증언하였느니라"하며 요한이 자기가 본 것을 다 증거 했다고 했는데, 여기서 '증언'이라는 말의 헬라어는 '에말튀레센'로 이 말은'말튀레오(잘 보고되다, 증명하다, 입증하다, 확증하다)'의 제1부정과거 능동태 3인칭 단수 직설법으로 이는 요한이 순교를 각오하고 증언한 것을 뜻하는 말이다.

다시 말해 '에말튀레센'은 '말튀레오'에서 유래가 되었고, '말튀레오'는 '말튀스(순교자.증거.기록)'에서 유래가 되었는데 이 말튀스는 당시 법정에서 증인의 증언을 말하는 법적 용어였다.

그러므로 사도 요한은 지금 계시록을 기록하며 자기가 본 것을 다 증언한다고 하고 있는데 이 말은 요한이 지금 작품을 쓰듯 한가롭게 무료한 시간을 보내기 위해 계시록을 기록하고 있는 것이 아니라 어쩌면 이 계시록 때문에 순교를 당할지도 모르지만 목숨을 담보로 하고 계시록을 기록하고 있다는 사실이다. 즉 요한은 칼이 목에 들어와도 사실을 증언하기 위해 기록했다는 말이다.

관용어적으로 증언이란 법적 증언을 말하는 것으로 순교라는 뜻을 가지고 있다.

이제도 계시고 전에도 계셨고 장차 오실이라는 말의 관용어

계시록 1:4절을 보면 "요한은 아시아에 있는 일곱 교회에 편지하노니 이제도 계시고 전에도 계셨고 장차 오실이시며 그의 보좌 앞에 있는 일곱 영과"하며 예수님을 "이제도 계시고 전에도 계시고 장차 오실이라고 하고 있는데, 이 말의 헬라어는 "호 온(현재분사=있다) 카이 호 엔(에이미의 미완료동사=나는~였다) 카이 호 엘코메노스(엘코마이의 미완료 시제=장차)"로 이는 출3:14절의 '나는 스스로 있는 자라'는 말의 신약식 표현이다.

70인역에서 "나는 스스로 있는 자"라는 말은 "에고(1인칭 대명사=나는) 에이미(현재 직설법 1인칭단수로=~이다) 호(관사) 온(에이미의 현재분사로=~있다. 나는 그다. 내가 있느니라)"으로 되어 있는데 여기서 '에고 에이미'는 신약 성경에서 예수님은 "내니, 내가 그이다"라는 말로 사용하셨다.

관용어적으로 계시록에서 이제도 계시고 장차 오시라는 말의 뜻은 불변하심을 나타내는 표현으로 하나님께서는 약속하신 것을 반드시 이루시겠다는 것을 뜻하는 말이다. 특별히 '장차 오실이'라는 말은 재림과 관련된 말로 이 말이 나오면 계시록에서는 무조건 예수님의 재림을 의미하는 말로 쓰인다.

7영(일곱 영)

계1:4절을 보면 "요한은 아시아에 있는 일곱 교회에 편지하노니 이제도 계시고 전에도 계셨고 장차 오실 이시며 그의 보좌 앞에 있는 일곱 영과"하며 일곱 영이 나오는데 일곱영은 누구일까?

슥4:10절을 보면 "일곱은 온 세상에 두루 행하는 여호와의 눈이라"하며 스가랴는 하나님의 영을 일곱 눈으로 비유하고 있는데 70인역을 보면 "헵타(7) 후토이(3인칭 지시대명사) 옵흐달모이(눈) 퀴리우(주님) 에이신(이다)"하며 이 눈을 주님의 눈으로 말하고 있다. 즉 스가랴는 성령을 주님의 눈으로 말하고 있다.

혹자는 일곱 영을 일곱 천사장이라고 주장하기도 하지만 일곱 영은 성령을 의미한다. 왜냐하면 첫째로 현대인의 성경에서 성령으로 해석하고 있고, 둘째로 프뉴마를 독단적으로 쓰면 일반적으로 성령을 의미하기 때문이고, 셋째로 일곱은 완전수이기에 완전한 영은 성령님이시기 때문이고, 넷째로 계5:6절을 보면"어린 양이 섰는데 일찍 죽임을 당한 것 같더라 일곱 뿔과 일곱 눈이 있으니 이 눈은 온 땅에 보내심을 입은 하나님의 일곱 영이더라"하며 일곱 눈은 곧 일곱 영인 성령이라(스가랴4:10) 하고 있기 때문이다.

관용적으로 이렇게 성령을 '일곱 영'으로 표현한 것은 성령의 속성과 권능이 완전하신 하나님의 속성과 같이 성결하시기 때문이다(계3:1;4:5,6;5:5 ; 슥3:9).

은혜와 평강

계1:5절을 보면 "또 충성된 증인으로 죽은 자들 가운데에서 먼저 나시고 땅의 임금들의 머리가 되신 예수 그리스도로 말미암아 은혜와 평강이 너희에게 있기를 원하노라 우리를 사랑하사 그의 피로 우리 죄에서 우리를 해방하시고"하며 예수로 말미암아 은혜와 평강이 있기를 원한다고 하고 있는데, 여기서 '은혜'에 해당하는 헬라어 '카리스'는 그리스도 안에서 인간들에게 조건 없이 주시는 하나님의 무한한 사랑과 선물(복)을 의미하는(롬1:7;고전1:3) 말로 헬라인들이 하는 헬라식 인사이고, '평강'은 헬라어 '에이레네'라 해서 이는 히브리어로 하면 샬롬을 말하는 말로 전통적 유대식 인사말로 인간의 노력에 의해 얻어지는 것이 아니라 하나님의 은혜로 말미암아 얻게 되는 풍요로운 영적 상태와 화목을 가리킨다.

그러므로 사도 요한이 계시록을 기록하며 수신자(대상)에게 은혜와 평강이 너희에게 있길 원한다고 인사하고 있는 것으로 보아 우리는 이 계시록의 대상이 소아시아 7교회나 유대인만이 아닌 헬라인 즉 이방인과 유대인을 다 포함한 전 인류가 계시록의 대상이라는 것을 알 수 있는 것이다.

그런데 여기서 '은혜'라는 "카리스"는 "은혜,선물"이라는 말로 '카라'에서 유래 되었는데, '카라'는 '기쁨, 유쾌함, 즐거움'이란 뜻을 가지고 있는데 이는 만남을 전제로 한 기쁨을 말한다. 다시 말해 왜 기쁘냐 할 때 기쁜 분(사람)을 만났기에 기쁘다는 것이다. 우리가 예수님을 주님으로 영접하면 예수님은 우리를 미소 짓게 하는데 이는 예수님이 기쁜 분이기에 기쁜분을 만나면 우리가 기쁘고 미소짓기 때문이다. 그래서 '카라'가 기쁨이란 뜻을 가지고 있는 것이다.

그런데 은혜라는 '카리스'라는 말은 다양하게 해석이 되는데 "은혜, 자비, 선물, 기쁨, 감사, 친절, 매력, 아름다움"으로 해석이 되는데, 이는 우리가 만난(카라) 예수님은 친절하고, 매력이 넘치고, 아름답고, 자비롭고, 은혜로운 분이시고, 친절하고, 이 세상에서 상상할 수 없는 많은 선물을 주시는 분이기 때문이다. 이것이 은혜라는 뜻이다.

그런데 고대 헬라인들은 선물을 줄때 동냥이나 적선을 주듯이 준 것이 아니라 엎드려 무릎 꿇는 마음으로 상대방이 자존심 상하지 않게 존경하는 마음으로 선물을 주었다고 한다. 마치 하나님이 예수님을 우리에게 선물을 주실 때 그분을 죽이셔서 주신 것 같이 말이다.

또한 은사라는 '카리스마'는 '신으로부터 특별히 부여받은 재능'이라는 뜻으로, 신이 어떤 특정한 사람에게 내린 초자연적인 능력을 가리키는 말이다. 쉽게 말하면 예언이나 병을 낫게 하는 힘 따위를 말한다.

그런데 이 '카리스마'라는 말을 1900년대 막스 베버(1864~1920)라는 독일의 사회학자가 "대중을 휘어잡는 매력이나 사람들을 심복하게 하는 능력이나 자질"이라는 말로 사용하게 되면서 "카리스마"는 변화를 겪게 된다. 그래서 근래에 와서는 이 카리스마라는 말이 종교적인 용어가 아닌 사회학적인 용어로 주로 쓰이게 되었다.

그런데 이 '카리스마'라는 말이 다시 진화를 거듭해 현대에 와서는 개성이 넘치고 성품이 독특한 사람을 가리키는 말로 쓰이게 된다.

또한 "에이레네"라는 말을 우리는 단지 평화 또는 평강이라는 인사로만 생각하지만 히브리인들에게 있어 '샬롬(에이레네)'이란 말은 단지 평화하기만 바라는 인사치레 정도가 아닌 성공과 번영을 지향하는 말이었다. 우리에게 새해 인사가 "새해 복 많이 받으세요"라면 유대 사회에서 "샬롬"은 마치 새해인사와 같은 의미를 부여했던 인사였다.

관용어적으로 은혜와 평강은 전 세계 성도를 대상으로 하는 인사이다.

나라와 제사장

계시록 1장 6절을 보면 "그의 아버지 하나님을 위하여 우리를 나라와 제사장으로 삼으신 그에게 영광과 능력이 세세토록 있기를 원하노라"하고 있는데, 여기서 '나라와 제사장'에 해당하는 헬라어 '바실레이스 카이 히에레이스'는 문자적으로 '왕들과 제사장들'을 의미하는 것으로 이는 출애굽기 19:6과, 베드로 전서2:9의 사상을 반영한 것이다. 반영이라는 말의 뜻을 알려면 저의 책 계시록 10장 9절을 참고하라

그런데 출애굽기 19장 6절을 보면 "너희가 내게 대하여 제사장 나라가 되며 거룩한 백성이 되리라 너는 이 말을 이스라엘 자손에게 전할지니라"하며 제사장과 거룩한 백성이 이스라엘 백성만 제사장이고 거룩한 성도(백성)라 하고 있다. 그런데 여기서 출애굽기 19장 6절의 "제사장 나라가 되며"라는 말을 헬라어 70인역으로 보면 베드로 전서 2:9절과 똑 같이 "왕 같은 제사장들"이라는 '바실레이온(왕) 히에라튜

마(제사장들)'로 해석하고 있다. 다시 말해 구약에서 왕 같은 제사장이라는 말은 이스라엘 백성들에게만 해당 되었던 말로 쓰이고 있다는 말이다.

그러나 베드로 전서 2장 9절에서 베드로는 이 '왕 같은 제사장들'이라는 말을 구약처럼 이스라엘 백성들이 아닌 이방인을 대상으로 쓰고 있다. 그래서 베드로 전서 2장 9절을 보면 "그러나 너희는 택하신 족속이요 왕 같은 제사장들이요 거룩한 나라요 그의 소유가 된 백성이니"하며 이스라엘이 아닌 우리 성도들을 향해 왕이며 제사장이라 하고 있는 것이다.

그런데 여기서 '거룩한 나라요'라는 말은 '에드노스 하기온'인데 이는 '거룩한 이방인'이라는 말로 이제는 유대인들이 거룩한 사람들이 아닌 예수님을 믿는 이방 성도들이 거룩한 성도라 하고 있다. 또한 "그의 소유가 된 백성이니"라는 말은 "라오스(백성) 에이스(~안에) 페리포이에신(재산.구원)"이라는 말로 이는 '구원 받은 백성'이라는 뜻으로 되어있다. 그러므로 베드로는 이스라엘 사람들이 아닌 우리 믿는 성도들이 왕과 제사장들이며 하나님의 구원받은 백성이라 말하고 있는 것이다.

그런데 계시록 1장 6절의 '나라'라는 말이 '바실레이스(복수명사로 왕들)'로 되어 있는데 이 말의 유래를 살펴보면, 본래 왕이라는 말은 B,C.7세기에는 '바실레우스'라 해서 '왕'으로 불려 지게 되었는데 이 '바실레우스(Βασιλεύς)'는 이집트어 어근인 파세르(Paser) 또는 파시로(Pasir)에서 유래된 용어로 처음에는 고관 또는 군대의 사령관을 나타냈다. 그러다 B.C.7세기에 이르러서는 왕을 뜻하는 말로 발전하게 된다. 그 후 이 '바실레우스'는 왕의 칭호를 뜻하는 말로 쓰이게 된다. 그러다 B.C.64년에서 50년 사이에 접어들면서 왕의 칭호를 말하는 '바실레우스'라는 말이 사라지고 대신 "바실류스"라는 말이 등장해 사용하게 된다.

그래서 우리 신약성경에는 '바실레우스'라는 말이 한번도 등장하지 않고 '바실류스'로 나온다. 계시록 1장 6절에 나오는 '바실레이스'는 우리 성경에서 주로 "왕들, 임금들"이라는 뜻으로 해석이 되고 있다 (마10:18, 눅 10:24, 눅 21:12). 왜냐하면 '바실레이스'는 명사 바실류스의 복수형이기 때문이다. 그러므로 계시록 1장 6절의 '나라'라는 '바실레이스'는 결국 '나라'라는 말이 아니라 '왕들'이라는 말이 되는 것이다. 그러므로 결국 계시록 1장 6절의 "나라"라는 말은 베드로 전서 2장 9절의 '왕 같은 제사장들'할 때 '왕'이란 뜻과 같은 뜻인 것이다.

관용어적으로 '나라와 제사장'이란 말은 베드로 전서 2장 9절의 왕 같은 제사장이라는 말로 이는 성도들은 다 왕들로서 제사장직을 겸하고 있다는 뜻이다.

헬라어 유래와 영광

계시록 1장 6절을 보면 "그의 아버지 하나님을 위하여 우리를 나라와 제사장으로 삼으신 그에게 영광과 능력이 세세토록 있기를 원하노라"에서 "영광"이라는 말이 나오는데, 이 영광이라는 말을 바로 알기 위해서는 헬라어의 변천과정을 이해하지 않으면 안 된다. 우리가 쓰는 헬라어는 '아틱 방언'으로부터 시작된다. 고대 헬라어를 '아틱' 방언이라 하는데 이는 그리스 아테네 안에 '아티카' 사람들이 사용하던 방언 이었다. 이 '아티카' 사람들이 쓰던 방언이 그리스의 공용어가 될 수 있었던 것은 이 아티카 사람들 중에 유명한 철학자들이 나왔는데 그들이 바로 플라톤과 아리스토텔레스였다. 결국 이들 때문에 아틱방언이 공용어가 된 것이다.

이런 고대 헬라어가 B.C. 4세기 헬라의 알렉산더 대왕을 만나면서 코이네(세계 공용어) 헬라어가 된다. 알렉산더 대왕은 세계를 정복하면서 자기가 정복한 나라에 헬레니즘이라는 헬라문화를 정착시켰는데 이런 과정에서 헬라어는 전 세계의 공용어가 되었다. 이 코이네 헬라어는 그로부터 A.D. 4세기(예수님 시대와 로마 멸망) 초까지 사용되게 된다.

B.C.4세기 고대 헬라어가 코이네 헬라어가(알렉산더 대왕이후 세계 공용어가 됨) 된 후 헬라어는 B.C.3세기경 70인역 성경과 만나면서 다시 한 번 그 뜻에 변화를 겪게 되고, 그 후 예수님시대와 로마 시대를 겪으며 또 다른 변화를 겪게 된다. 그러므로 영광이라는 말도 이 시대적 변화를 거치며 오늘날 우리가 사용하는 영광이라는 말이 나오게 되었던 것이다.

영광이라는 "독사"라는 말을 고대 헬라인들은 영광이라는 의미로 사용하지 않고 "외관,의견"이란 뜻을 가지고 사용하다가 코이네(헬라어가 세계 공용어가 된 것) 시대를 거치며 구약 히브리어 성경을 헬라어 성경인 70인역으로 번역 하면서 히브리어 영광이라는 뜻의 '카보드'를 만나게 된다. 그런데 이 '카보드'라는 말은 그 어근이 '무겁다'는 뜻을 가졌는데 이는 당시 히브리적 사고를 그대로 반영한 말로 그때는 물질적 가치를 무겁고, 두텁고, 오래된 것에 두었기 때문에 무거운 것이 가치 있는 것으로 사용되었다(당시 돈이 금과 은이었기에 무거웠다).

그런데 이 영광이라는 카보드라는 말이 창세기에서는 '부'와 같은 물질적인 복과 요셉이 애굽의 총리가 되어 총리라는 '명예'와 '권력'을 얻은 것을 말하는 "명예와 권력"으로 쓰이고 있다. 그래서 창세기 45장 13절에서는 "당신들은 내가 애굽에서 누리는 영화(카보드)와 당신들이 본 모든 것을 다 내 아버지께 아뢰고 속히 모시고 내려오소서" 하며 영화(영광,카보드)라는 말을 부와 권력을 얻은 것을 표현하는 말로 사용하였다.

또한 야곱이 창세기 31장 1절을 보면 '거부'가 되었다 할 때 바로 거부라는 말도 이 카보드를 쓰고 있다. 그래서 구약 성경에서 이 '카보드'라는 말은 사람에게 적용 시킬때와 하나님께 적용 시킬 때 그 뜻이 달랐는데 사람에게 적용시킬 때는 '귀족(권력)'이 되었다는 말과 물질적인 '부와 명예'를 얻은 것을 말하는 말로 사용되었고, 하나님께 적

용할때는 "부와 명예와 권력"을 가지신 하나님을 찬양하는 말로 쓰이게 되었다.

하나님은 스스로 행복하시고, 기쁘시고, 복이 넘치시는 분이시다. 즉 하나님은 부와 명예와 권력이 넘치기에 항상 행복하시고, 기쁘시고, 복이 넘치시는 것이다. 이렇게 하나님이 기쁘시고 행복하시고 복이 넘치신다는 말을 신학적 용어로 유복성이라 하는데 신약성경에 나타난 "영광(독사)"이란 뜻은 바로 이런 하나님의 유복성을 말하는 것으로 이 하나님의 유복성이 겉으로 드러난 것을 영광이라 한다.

영광이라는 말은 히브리어' 카보드'와 만나면서 하나님의 유복성을 찬양하는 말이 되었고, '쉐키나'와 만나면서 지성소에 임한 빛을 의미하는 '빛'의 개념으로 해석되었다(계21:11). 이 부분은 저의 책 계 21:11절을 참고하길 바란다.

관용어적으로 영광이란 말을 하나님께 적용 시키면 하나님의 유복성을 찬양하는 말이고, 사람에게 적용시킬 때는 물질적인 복이나 명예를 얻었을 때 사용하는 용어이다.

구름을 타고 오시리라

계시록 1장 7절을 보면 "볼지어다 그가 구름을 타고 오시리라 각 사람의 눈이 그를 보겠고 그를 찌른 자들도 볼 것이요 땅에 있는 모든 족속이 그로 말미암아 애곡하리니 그러하리라"하며 주님이 재림을 하실 때 구름을 타고 오신다고 했는데 여기서 구름이라는 말의 헬라어는 "넵헬론"은 "구름"의 의미를 가진 "넵헬레"의 복수형으로 '크고 밀집된 다수, 군중'의 뜻을 가진 '넵호스'(구름')라는 단어에서 유래가 되었다. 그러므로 '넵헬레'는 구름들을 의미한다. 그리고 "타고"는 "메타톤"으로 이는 '타고'라는 의미보다는 "구름들과 함께"오신다는 말로 이는 '구름을 뚫고 오신다'는 말의 다른 표현이다.

주님이 구름을 타고(뚫고) 오신다는 말은 다니엘 서 7장 13절을 반영한 것으로 예수님의 지상 재림을 나타낸다. 그런데 이렇게 주님이 구름을 타고(뚫고) 오실 것이라는 말은 마태복음 24:30절과 마태복음 26:64과 데살로니가 전서 4:17에도 나오는 말로 당시 구름은 '신의 옷'을 상징하는 말로 구름을 타고(뚫고) 오신다는 말은 신령한(신) 임재 또는 신령한(신) 강림(재림)을 말하는데 이 말은 공중 재림시에는 등장하지 않는 용어이고, 지상 재림시에만 나타나는 단어이다.

관용어적으로 구름은 신의 옷을 뜻하는 말로 주님이 구름을 타고 오신다는 말은 예수님의 지상 재림이 신의 거룩한 재림인 동시에 모든 사람이 볼 수 있는 가시적인 재림이라는 것을 말한다.

알파와 오메가

계시록 1장 8절을 보면 "주 하나님이 이르시되 나는 알파와 오메가라 이제도 있고 전에도 있었고 장차 올 자요 전능한 자라 하시더라"하였다. 여기서 알파와 오메가는 헬라어 알파벳 첫 글자인 "알파"와 마지막 글자인 "오메가"를 병렬시켜 놓은 것으로 원문에는 "토 알파 카이 토 오메가"로 되어있다. 여기서 "알파"가 단독으로 쓰일 때는 "최초,최상"이라는 뜻으로 "완전"을 상징한다. 그리고 "오메가"는 "끝,마지막"을 나타낸다. 그런데 이 두 글자가 나란히 본문과 같이 쓰일 때는 관용어적으로 "처음과 나중, 시작과 끝, 전체의 완전함"이란 뜻을 나타낸다.

그리고 이 관용구의 성경적 용례를 볼 때 이는 대부분 성부 하나님과 예수님을 가리키는 칭호로 사용되었다(계 22:13). 물론 하나님께 대한 이 같은 관용적 표현은 헬라인의 사상에서 유래한 것이 아니라 구약적인 배경에서 나온 것이다. 이사야 선지자는 하나님을 가리켜 "처음과 마지막"이라고 표현했다(사 44:6, 사 48:12). 이는 하나님이 창조자와 구원자로 모든 만물의 존재의 원천이요 근거가 됨을 나타내는 말이다.

알파와 오메가란 만물의 처음이 되시며 또 끝날에 최후의 심판자가 되시는 예수님의 별칭을 말하는 표현이며, 또한 인류역사를 시작하시고 섭리하시며 결국에는 완성하실 전능하신 하나님의 별칭으로 사용하기도 한다. 뿐만 아니라 신약의 부분에서도 이와 유사한 표현으로 로마서 11장 36절에 "이는 만물이 주에게서 나오고 주로 말미암아 주에게로 돌아감이라."하고 나오기도 한다.

한편 구약의 제사장들이 입는 예복인 에봇에 판결의 흉패라 하는 우림과 둠밈도 역시 히브리어 알파벳 처음과 마지막 자로 되어있다고 한다. 이렇게 볼 때 하나님 당신을 '알파와 오메가'라고 계시하신 본 절과 그 뜻이 일치한다고 볼 수 있다.

관용어적으로 알파와 오메가라는 말은 처음과 나중이라는 말과 시 작과 끝이라(계 1:17 ; 계 21:6 ; 계 22:13)는 말로 이는 하나님은 역사 의 주인이시며 당신이 하신 말은 반드시 성취하신다는 뜻인데 알파는 창조자이며 구원자라는 말이고, 오메가는 만물의 심판자라는 말이다.

형제라는 말과 스스로 밧모섬으로간 요한

계시록 1장 9절을 보면 "나 요한은 너희 형제요 예수의 환난과 나 라와 참음에 동참하는 자라 하나님의 말씀과 예수를 증언하였음으로 말미암아 밧모라 하는 섬에 있었더니"하며 형제라는 말이 나오는데, 이 형제라는 말은 명사 '아델포스'로 이 말은 결합 접두사'아'와'자궁' 을 뜻하는 '델퓌스'에서 유래한 합성어로 '같은 자궁에서 태어난 사람' 을 의미하는 말이다. 이는 본래 한 어머니의 자궁에서 태어난 형제를 의미하는 말이다.

자매라는 말의 '아델페'도 역시 그 유래가 "아델포스"에서 유래가 되었기에 그 뜻은'같은 자궁에서 태어난 사람'이란 뜻을 지녔다. 결국 고대 헬라어에서 형제, 자매라는 말은 한 어머니에게 태어난 사람을 의미하는 말로 사용되었다. 그 후 헬라어가 코이네(세계 공용어)가 되며 형제, 자매라는 말은 가까운 친척이나 동료, 친구, 동포에 까지 사용되게 되었다.

그런데 이 형제라는 말이 70인역 성경을 만나면서 히브리어 '아흐'의 뜻을 그대로 받아 들여 한 조상에서 나온 "이스라엘 자손"을 의미하는 말로만 사용되었다(신 3:18 ; 신 24:7 ; 레 25:46). 그 후 이 형제라는 말은 종교적 용어로 사용되기 시작해, 같은 유대교를 믿는 자들에게 사용되거나 자신의 단체 구성원에게 사용하게 되었다.

그 후 예수님 시대에 와서 형제라는 아델포스는 혈연적 관계와 같은 하나님을 믿는 사람들에게 사용되는 영적 관계로 발전하게 된다(성령 받은 자들에게만 형제라 했다). 그 후 사도들 시대에는 이 형제라는 말을 동료 기독교인(성령 받은 성도)을 의미하는 말로 사용하였다(고후 6:16이하 ; 벧전 2:9이하 ; 히 8:8~히8:12 ; 롬 9장~11장). 그런데 이 형제 자매라는 말이 당시 이집트에서는 성행위를 할 때 쓰는 말로 사용되었다고 한다. 그래서 초기 기독교인들이 이 말 때문에 핍박을 받았다고 한다.

본 절을 보면 "너희 형제요 예수의 환난과 나라와 참음에 동참하는 자라"하고 있는데, 이 말은 헬라어 '호(요한) 카이 아델포스(형제) 휘몬(너희) 카이 성코이노노스(동참)'로 이는 "너희 형제 요한은 동참했다"라는 말로 하나의 관사 '호'에 의해 두 가지 칭호 즉 '형제'와 '동참하는 자'가 연결되어있다. 이는 곧 '형제'인 까닭에 '동참하게 된다'는 인과관계를 말해 주고 있다.

이렇게 볼 때 요한이 밧모섬에 간 이유는 로마 당국에 의해 유배를 간 것이 아니라 요한 스스로 밧모섬에 들어갔다는 말이 되는 것이다. 그런데 "예수의 환난과 나라"에 동참했다고 함으로 이는 요한이 믿음의 형제들이 잡혀가 고난당하는 것을 보고 스스로 로마 당국에 자수해 잡혀가 밧모섬에 유배 되었다는 말이 되는 것이다. 이렇게 볼 때 요한은 참으로 대단한 믿음을 소유한 사도임에 틀림없다. 왜냐하면 환난을 당하지 안 해도 되는데 스스로 자수해 형제들이 당하는 환난을 당하기 위해 밧모섬으로 유배되었기 때문이다.

관용어적으로 요한이 예수의 환난에 동참했다는 말은 스스로 자수해 환난을 자처했다는 말이다.

교회의 유래와 천주교의 유래(주의 날)

계시록 1장 10절을 보면 "주의 날에 내가 성령에 감동되어 내 뒤에서 나는 나팔 소리와 같은 큰 음성을 들으니"하며 요한이 주의 날에 계시를 보았다고 하고 있는데, 여기서 '주의 날'이란 헬라어 '퀴리아케 헤메라'라는 말로 '퀴리아케'는 '주인에게 속한'이란 뜻이고 '헤메라'라는 말은 '날'이란 말이다. 그러므로 문자적으로 해석하면 '주인에게 속한 날 또는 주께 속한 날'을 의미한다. 그런데 여기서 '퀴리아케'는 '퀴리오스'라는 "하나님.주.주인"이라는 말에서 유래가 되었는데, 고대 헬라 시대에서 '퀴리오스'는 주로 주인을 의미하는 말로 쓰이다가 70인역을 만나며 하나님을 의미하는 말과 주인을 의미하는 말로 해석되다가 이 말이 B,C.1세기에 이르러서는 '신들이나 통치자'들을 의미하는 말로 사용되기 시작하였다. 그래서 교회에서는 하나님을 의미하는 말로 쓰였고, 로마에서는 황제를 의미하는 말로 사용되었다.

우리가 교회를 영어로 '처치(church)'라 부르고 독일어로 '키르헤(kirche)'로 부르는데 그 유래가 바로 '주님께 속한 것'이라는 뜻인 헬라어 '퀴리아케'에서 나왔다고 한다. 이 '퀴리아케'는 신약성경에서 유일하게 본 절에 한 번 나온다.

성경에 '엑클레시아'라는 교회라는 용어가 있음에도 '퀴리아케'가 영어 '처치(church)'의 유래가 된 것은 마틴 루터의 영향을 받았기 때문이다. 루터는 교회(엑클레시아)라는 말을 싫어하고 '공동체'라는 말을 즐겨 써서 '주님께 속한 공동체'라는 의미에서 주님께 속한('퀴리아케') 공동체라는 뜻으로 '키르헤(kirche)'로 불렀다. 왜냐하면 루터 당시 엑클레시아를 로마 교회에서는 보편적 교회로 보았는데 여기서 보편적 교회란 로마 카톨릭 엑클레시아(천주교)를 의미하는 말로 카톨릭이라는 뜻이 '보편적, 일반적, 널리알려진'을 뜻한다. 이 말은 '카톨릭 엑클레시아'만 정통교회란 뜻이다.

신명기 9장 10절을 보면 "여호와께서 두 돌판을 내게 주셨나니 그 돌판의 글은 하나님이 손으로 기록하신 것이요 너희의 총회 날에 여호와께서 산상 불 가운데서 너희에게 이르신 모든 말씀이니라"하며 총회의 날이 나온다. 총회의 날이란 출애굽 제1년 3월 초(로마력으로 하면 6월 중순), 출애굽한 모든 백성들이 하나님으로부터 구두로 십계명을 받기 위하여 모든 백성들이 시내 산 기슭에 모여든 날을 가리킨다 (출19:1,9~18). 이때 백성들은 2일동안 몸을 성결케 하며 옷을 빤 후 제 3일에 총회로 모였었다(총회란 모든 백성이 모였다는 말이다). 따라서 십계명은 두 돌판에 기록되기 전 이미 하나님의 음성(구두로)을 통해 백성들에게 전달되었음을 알 수 있다(신 9:10).

한편 여기서 '총회'란 말이 헬라어 70인역에서는 '교회'라는 뜻의 '엑클레시아'로 번역되어 있다. 그러므로 이는 이스라엘 모든 백성이 교회에 모였다는 말로 이 총회는 곧 교회에서 처음으로 하나님께 예배드린 교회의 시초가 되는 날이다. 그래서 우리는 출애굽 40년를 광야교회라 부르는 것이다. 이렇게 엑클레시아의 유래가 초대교회가 생기기 전부터 존재하고 있었음을 알 수 있다.

'주의 날'하면 초대교회에 성도들은 일주일 내내가 주님께 속한 날로 보았다. 그래서 안식일과 주일(일요일)를 구별하기 위해 복음서에서는 '안식 후 첫날(막 16:2 ; 눅 24:1 ; 요 20:19 ; 행 20:7)'또는 '매주일 첫날(고전16:2)'이라 해서 '안식 후'라는 말과 '매주일'이라는 수식어 붙고 그 다음 '첫날'이라 했다. 이렇게 초대교회 초창기에는 주일을 말할 때 안식일과 구별하기 위해 안식후 첫날이나 매주일 첫날이라 했지만 요한이 계시록을 기록할 당시 주후95년경에는 안식일과 주일이 완전히 구별되어 주님께 속한 날 하면 주일(일요일)인 '퀴리아케 헤메라'로 불려지게 되었다.

관용어적으로 주의 날이란 주님께 속한 별도의 날로 지금의 주일(일요일)을 뜻하는 말이고, 엑클레시아는 천주교회의 유래가 되었고 '퀴리아케'는 오늘날 개신교 교회의 유래가 되었다(퀴리아케는 퀴리오스에서 유래가 되어 주님께 속한 날이라 해서 주일이 되었다).

일곱 금 촛대의 관용어

계시록 1장 12절을 보면 "몸을 돌이켜 나에게 말한 음성을 알아보려고 돌이킬 때에 일곱 금 촛대를 보았는데"하며 요한이 10절에서 큰 나팔 소리가 나서 그 소리 나는 쪽으로 뒤돌아 보려는 순간 금 촛대를 보았다고 하고 있다. 그런데 여기서 촛대가 헬라어로 '뤼크니아스'로 되어 있는데 이는 '조명기구'라는 뜻을 가진 '뤼크노스'에서 유래되어 등잔불을 올려놓는 '등잔대'를 말한다. 그래서 스가랴 4장 2절을 보면 "그가 내게 묻되 네가 무엇을 보느냐 내가 대답하되 내가 보니 순금 등잔대가 있는데"하며 이 촛대를 등잔대로 해석하고 있는 것이다.

그런데 스가랴서에서 말하는 등잔대는 이스라엘을 가리키는 반면에 본 절의 등잔대는 계1:20절을 보면 "일곱 촛대는 일곱 교회니라"하며 편지를 받는 수신자(대상)들인 소아시아의 일곱 교회를 말하고 있고, 나아가서 전 세계의 모든 교회들을 말하고 있다.

그런데 본 절을 보면 요한이 촛대(등잔불을 올려놓는 등잔대)를 보았는데 한 촛대만 본 것이 아니라 일곱 금 촛대를 보았다고 하고 있다. 그런데 앞에서 7영을 다루며 말했듯이 이스라엘에서 숫자는 단순히 하나의 '수'를 의미하는 것이 아니라 거기에는 관용어적 뜻이 있다고 한 것 같이 여기서 7은 '완전수, 모든' 것을 의미한다. 그러므로 7촛대(교회)란 전 세계 교회를 의미하는 것이다.

또한 그 촛대(등잔대)가 금 촛대라 되어있다. 그런데 여기서 '금'은 헬라어로 '크뤼사스'인데, 이는 '금, 황금'이란 뜻의 "크뤼소스"에서 유래가 되어 "황금"을 의미한다. 황금은 가장 아름답고, 고귀한 금속으로 불로 가열해도 그 본연의 성질이 변하지 않는 보석이지만 팔레스타인 지역에서는 생산이 되지 않고 당시 아라비아 지역에서만 생산 되었다고 한다. 그래서 성경에서 금은 주로 '거룩하고, 아름답고, 귀하고, 변화지 않는 속성'을 지니신 하나님 속성과 믿음을 상징한다.

관용어적으로 일곱 금촛대는 전 세계 교회를 의미하고, 일곱 금 촛대가 보인 것은, 하나님께서 금(보석) 같이 귀한 교회를, 금같이 변함없으신 하나님께서, 금같이(변함없이) 돌보실 것을 의미한다.

고대에는 재판을 누가 했을까? (계 1:13)

계시록 1장 13절을 보면 "촛대 사이에 인자 같은 이가 발에 끌리는 옷을 입고 가슴에 금띠를 띠고"하며 인자가 발에 끌리는 옷과 금띠를 띠었다고 하고 있다. 그런데 왕상 3장 9절을 보면 "누가 주의 이 많은 백성을 재판할 수 있사오리이까 듣는 마음을 종에게 주사 주의 백성을 재판하여 선악을 분별하게 하옵소서"하며 솔로몬이 기브온산당에서 일천번제를 드린 후 주님이 나타나셔서 내가 너에게 무엇을 줄꼬 물으니 솔로몬이 대답하길 내 백성이 많으니 내가 재판할 때 선악을 잘 분별해서 재판할 수 있게 해 달라고 요구하고 있다.

이때 솔로몬이 왕으로 등극할 때의 나이를 보통 열두 살에서 스무 살로 본다. 그런데 우리는 솔로몬의 기도를 들으며 의아한 생각이 드는데 그것은 재판을 위해 지혜를 달라는 기도이다. 왜냐하면 오늘을 사는 우리는 이 말을 도저히 이해 할 수 없기 때문이다. 왜냐하면 오늘날은 입법부(국회), 행정부(대통령), 사법부가 독립이 되어 재판관할은 사법부에서만 하기 때문이다. 그런데 솔로몬은 행정부의 수반으로 재판을 위해 지혜를 달라고 기도하고 있는 것이다.

그렇다면 솔로몬은 왜 이렇게 기도를 했을까? 고대 근동 지역에서 방백이나 왕들의 주요 임무들 중 하나가 정의를 관장하는 것이었는데 그것이 바로 재판하는 일이었다. 재판이라는 말은 히브리어로 '솨파트'라 해서 "판결하다, 지배하다, 다스리다, 심판하다, 재판하다"라고 되어 있지만 성경에서 주로 '다스리다'로 번역 하고 있다(삿12:11 ; 삼상 8:5,20).

왕정 시대 이전에 이스라엘을 다스렸던 사람들을 가리켜 사사라고 불렸는데 이 사사라는 말도 히브리어로 "쇼파트"로 되어있다. 다시 말해 재판장으로 되어 있는 것이다. 그래서 사사들의 주 임무는 재판관으로서 사회의 각종 분규를 매듭짓는 일을 했다.

그 이후 왕정 시대에 들어와서도 재판은 통치의 주된 기능으로 여겼다. 그래서 실제로 고대 국가의 왕들은 통치자인 동시에 최고 재판관이었다. 그래서 모세도 하루 종일 재판을 했다고 나오고(출 18:13) 또한 예수님시대에는 재판을 대제사장과(요 18:13) 로마 총독이나 로마정부에서 파견한 관리가 하기도 했다(요 19:13). 그리고 유대인들의 사소한 시시비비는 회당장이나 지역의 유지인 장로들이 했다.

솔로몬의 재판이 유명한 이유는 바로 당시 재판을 왕들이 했기 때문이다. 또한 계시록 1장 13절을 보면 "촛대 사이에 인자 같은 이가 발에 끌리는 옷을 입고 가슴에 금띠를 띠고"하며 예수님이 천국에 계신 모습을 묘사 하고 있는데 발에 끌리는 옷과 가슴에 금띠를 띠셨다고 하고 있다. 이는 대제사장과 왕의 옷과 금띠를 말하고 있는 것이다. 이는 예수님이 왕이며 대 제사장인 동시에 최후의 심판의 주체가 되실 재판장이라는 뜻도 되는 것이다.

관용어적으로 고대에 왕과 사사나 방백들을 세운 이유는 재판을 하기 위해 세운 것이며, 또한 촛대 사이에 거니시는 주님의 모습은 교회를 돌보시는 주님을 말한다.

흰머리와 불꽃 같은 눈

계시록 1장 14절을 보면 "그의 머리와 털의 희기가 흰 양털 같고 눈 같으며 그의 눈은 불꽃같고"하며 예수님의 외모중 머리는 양털과 흰눈같이 희였다고 하고 있는데 여기서 흰 머리인 백발은 잠언 20장 29절을 보면 "젊은 자의 영화는 그의 힘이요 늙은 자의 아름다움은 백발이니라"하며 백발(흰머리)은 노인을 상징하는 것으로 노인은 그 지내온 인생의 긴 연륜만큼이나 지혜와 경험을 축적하고 있다. 그러므로 노인이나 백발인 흰머리는 지혜를 상징하는 것이다.

또한 '흰'이란 말은 헬라어로 "류코스"라는 말로 이는 고전 헬라어 '빛나다'라는'뤼케'라는 말에서 유래가 되어 이 단어는 우유, 눈, 흰 옷, 달걀의 흰 부분, 희생제물의 색깔, 제사장과 입교자들의 옷의 색깔, 죽은 자와 유족의 옷 등에 사용되었다. 그리고 흰색은 기쁨이나 승리의 색이며, 신들을 기쁘게 하는 색으로 간주되었고 도움을 주는 신들은 스스로를 희다고 일컬었다. 그런데 이 류코스가 70인역을 만나면서 하나님 자신의 색깔을 말하며(단 7:9), 죄악의 부정으로부터 정화된 상태를 말하는 말과(시 51:7 ; 사 1:18 ; 단 11:35 ; 단 12:10), '순결'을 상징하는 말로 사용되었다.

필로는 삶과 죽음, 선과 악 등과 나란히 흰색과 검은 색을 대조하였고, 요세푸스는 레위인들은 흰 세마포 옷을 입는 권리를 보장받았다고 했으며, 에세네파는 항상 흰옷을 입고 다녔다고 한다. 또한 주후 1세기 이후부터 죽은 자를 흰 세마포로 입혀 장사지냈는데 이것은 성도들이 변화된 상태에서 입는 영광의 의복에 대한 상징이었다.

또한 주님의 눈은 "불꽃 같고"라고 했는데 이 말은 다니엘 10장 6절의 "또 그의 몸은 황옥 같고 그의 얼굴은 번갯빛 같고 그의 눈은 횃불 같고"할 때 '횃불 같고'라는 말을 반영한 말로 본 절의 "불꽃같고"라는 말은 헬라어로 '프홀록스'라고 되어 있는데 이 말은 '프흘레고'인 '환하고 아름답게 빛남이라는 뜻의 광채, 불꽃'에서 유래가 되어 "불꽃,태우다"라는 뜻을 가지고 있다. 그런데 이 '눈이 불꽃같고'라는 말이 헬라어 '오이다(계 2:2)'라는 사물의 본질과 인간의 마음까지 꿰뚫어 보는 '신적 직관(통찰력)'을 뜻하는 말로 쓰이고 있다. 이렇게 예수님이 직관력으로 사물의 본질과 마음(심장)을 꿰뚫어 보는 것을 본 절에서 '그 눈이 불꽃 같고'라 표현하고 있다.

이렇게 주님이 본질과 마음을 꿰뚫어 보는 것을 예레미야 17장 10절에서는 "나 여호와는 심장(마음=레브)을 살피며"하며 하나님은 심장을 살피시는 분이라 말하고 있는 것이다. 그런데 여기서 심장(마음)을 살핀다는 말은 '하나님은 사람의 마음(심장)을 꿰뚫어 보시며 살피신다'는 뜻이다. 그러므로 "눈이 불꽃 같고"라는 말과 '하나님은 심장을 살핀다'라는 말은 같은 뜻인 '오이다'를 말하는 말이다.

관용어적으로 '백발(흰머리 털)'은 지혜를 말하는 말이고, '흰'은 하나님의 색깔, 순결을 말하는 말이고, '주님의 눈이 불꽃 같다'는 말은 '오이다'인 마음(심장)을 직관으로 꿰뚫어 보시는 주님의 눈을 말한다.

빛난 주석과 많은 물소리

　계시록 1장 15절을 보면 "그의 발은 풀무불에 단련한 빛난 주석 같고 그의 음성은 많은 물소리와 같으며"라고 했는데 여기서 '그는' 10절의 나팔소리 같은 큰 음성으로 말씀하신 예수님을 가르킨다. 그런데 그 예수님의 발이 풀무불에 단련된 주석 같다고 하였다. 이는 다니엘서 10장 6절 "또 그의 몸은 황옥 같고 그의 얼굴은 번갯빛 같고 그의 눈은 횃불 같고 그의 팔과 발은 빛난 놋과 같고"을 반영한 말로 여기서 본 절의 '빛난 주석'은 헬라어로 '칼콜리바노'라는 말로 이는 '칼코스', '구리'라는 말과 '리바노스', '유향'이라는 말이 합성된 말로 '불에 타는 듯한 구리, 빛난 주석'을 말한다. 다시 말해 주님의 발이 빛난 주석(구리) 같은 이유는 풀무불에 단련되었기 때문이라는 것이다.

　그런데 여기서 풀무불이란 '카미노'라 해서 '아궁이, 벽난로'를 말하는 말이고, 단련된이란 말은 '퓌로오'라 해서 '퓔', '불'에서 유래가 되어 '불붙다'라는 말로 이는 불이 붙어서 타고 있는 것을 말한다. 그러므로 '풀무불에 단련된'이란 말은 아궁이에서 지금 불이 붙어 타고 있다는 말이다. 그런데 주님의 발이 빛이 나는 주석(구리)같이 보인 이유는 아궁이에서 불이 붙었는데 그 불에 지금 주님의 발이 불로 달구어져 있기에 마치 불 아지랑이가 주님의 발에서 피어 오르는 것 같이 보이기에 주님의 발을 빛이 나는 주석(구리)같다고 하고 있는 것이다.

　여기서 '발'은 '힘이' 있기에 발은 '힘,능력'을 상징하는데, 그런데 그 발이 주님의 발이라 하기에 이는 '전능한 발'을 의미한다. 그리고 다니엘의 세친구와 같이 풀무불에 들어간다는 것은 큰 시험을 당하는 것을 말하기에 풀무불은 '고난'을 상징하는데, 불신자가 불구덩이에 들어갔다는 것은 불신자가 지금 큰 고난을 당하고 있다는 뜻이다.

그런데 빛난 주석이라 해서 주님의 발에 불이 붙어 있는 상태라 함으로 불은 성경에서 심판을 상징하기에, 빛난 주석 같은 주님의 발이란 결국 죄인들을 불타고 있는 주석으로 밟아 뭉개뜨리는 것이기에 결국 심판의 발을 상징한다(단 10:6).

또한 음성이 '많은 물소리'같다고 하고 있는데 이는 에스겔서 43장 2절 "이스라엘 하나님의 영광이 동쪽에서부터 오는데 하나님의 음성이 많은 물소리 같고 땅은 그 영광으로 말미암아 빛나니"를 반영한 말로 많은 물소리란 거대한 홍수가 엄습해 올 때 나는 소리인데 많은 물소리는 사람에게 두려움을 유발한다. 그래서 주님의 이 음성은 죄인들에게 있어서는 홍수와 같은 두려움을 주는 권세와 위엄 있는 심판하시는 하나님의 음성으로 들릴 것이다. 그러나 믿는 성도들에게 있어 많은 물소리는 계곡의 청아한 물소리와 같이 아름다운 청아한 사랑의 음성으로 들릴 것이다.

관용어적으로 빛난 주석이란 불로 달구어진 불덩이 발로 불신자들을 밟아 죽이는 심판을 상징하는 말이고, 많은 물소리는 하나님의 권세 있는 음성을 말하는 말이다.

오른손의 일곱 별

계시록 1장 16절을 보면 "그의 오른손에 일곱 별이 있고 그의 입에서 좌우에 날선 검이 나오고 그 얼굴은 해가 힘있게 비치는 것 같더라" 하며 주님의 오른손에 일곱별이 있다고 하는데, 여기서 '오른쪽'은 헬라어로 '덱시오스'인데 이는 '데코마이'에서 유래가 되었는데 '데코마이'이는 '영접하다, 받다, 취하다, 환영하다, 환대하다(요 4:45 ; 고후 8:17)'라는 의미를 가지고 있다. 이는 수동적으로(피동적) 사람을 환영하여 받아들이는 것을 말한다.

그런데 이렇게 "영접하다"라고 할 때 일반적으로 '람바노(요 1:12)'를 쓰는데, 람바노와 다른 것은 람바노는 목적격과 능동적으로(스스로) '~를 잡는 것'을 말할 때 쓰는 것으로 '난폭하게 잡다, 난폭하게 취하다, 난폭하게 받다, 난폭하게 꽉잡다'로 해석 된다.

덱시오스가 오른쪽이란 뜻을 가지고 있는데 이 오른쪽은 관용어적으로 언제나 '좋은 것'을 의미한다. 그러면 왜 오른쪽인 덱시오스가 영접하다의 데코마이에서 유래가 되었을까? 그것은 데코마이가 좋은 사람을 영접하고 환영하고 환대하는 것을 말하기에 유대인들은 이를 좋은 것으로 관용어적으로 사용해 오른쪽 하면 '좋은 것'을 뜻하는 말로 쓰기 시작했던 것이다. 반대로 왼쪽은 '유오뉘모스'라 해서 '왼편.유명한.행운'이라는 뜻을 가지고 있다. 그런데 이런 왼쪽을 이스라엘 사람들은'나쁜 것'으로 해석하는데 이는 왼쪽이란 노력하지 않고 '행운만 쫓아 다니는 것'을 말하기 때문이다. 즉 요행만 바라고 사는 것을 말하기에 왼편은 관용어적으로 유대인들은 나쁜 것으로 표현한다.

또한 여기서 '손'인 '케일'은 "손.힘.도구,수단"의 뜻을 가지는데 문자적 상징적으로는 '힘'을 의미하는데 이렇게 손이 힘을 상징하는 이유는 이 '케일'의 복수형인 '케이레스'가 힘과 능력을 말하는 '뒤나메이스'와 동의어로 사용되기 때문이다. 손은 우리가 원하는 것을 사용하는 도구이며 수단이다. 그리고 손에는 힘이 있다. 그래서 '케일(손)'을 '힘, 수단, 도구'로 해석하는 것이다. 그런데 이 손이 오른손과 합성이 되면'좋은 힘이 있는 손이 되어 능력과 권능의 손'을 의미하게 된다. 그런데 본 절을 보면 이 손이 주님의 손이라 하면 이는 "좋은 것을 주시는 전능의 손"이 되는 것이다. 그런데 본 절에서 이 전능의 손이 일곱별을 붙잡았다고 하고 있다.

그런데 앞에서 숫자에 대한 관용어를 말하면서 7을 언급했듯이 이는 완전수를 말한다. 그리고 별은 계시록 1장 20절에서 말하는 것 같이 일곱 교회의 사자라 하고 있다. 그런데 일곱 교회는 '앙겔로스'인 천사로 되어 있기에 이는 추상적 존재를 말함으로 추상적인 존재는 성도를 말하는 말이다. 그러므로 '그의 오른손에 일곱 별이 있고'라는 말은 주님께서 일곱 별을 붙잡고 있다는 말로 이는 전능하신 주님께서 전지전능한 손으로 모든 성도들을 붙잡고 있다는 말이다.

관용어적으로 오른쪽은 좋은 것을 말하고, 손은 힘을 말하고, 일곱 별은 모든 성도를 뜻하는 말이다.

좌우에 날선 검이 나오고

계시록 1장 16절을 보면 '그의 오른손에 일곱 별이 있고 그의 입에서 좌우에 날선 검이 나오고 그 얼굴은 해가 힘있게 비치는 것 같더라'하며 주님의 입에서 좌우에 날선 검이 나온다고 하고 있다. 그런데 이 말씀은 이사야서 11장 4절을 반영한 것으로 "그의 입의 막대기로 세상을 치며 그의 입술의 기운으로 악인을 죽일 것이며"라는 말씀과 이사야 49장 2절의 '내 입을 날카로운 칼같이 만드시고'라는 말씀을 반영한 것이다.

여기서 이사야 11장 4절의 "그의 입의 막대기로 세상을 치며 그의 입술의 기운으로 악인을 죽일 것이며"라는 말씀은 장차 오실 메시야의 입에서 나오는 말씀들을 막대기와 기운으로 말하고 있는 것이다. 그리고 이 말씀대로 800년후 예수님이 오셨다. 그런데 그 분은 막대기와 어떤 다른 기운으로 이스라엘 백성들을 때리거나 죽이거나 하지 않고 말씀으로 이스라엘 백성들을 책망하셨다.

또한 이사야서 49장 2절을 보면 "내 입을 날카로운 칼같이 만드시고"하며 날카로운 칼을 실제 칼이 아닌 '내입을'하며 곧'입에서 나오는 말을 칼'로 비유하고 있다. 또한 누가복음 2장 35절을 보면 "또 칼이 네 마음을 찌르듯 하리니"하며 '시므온'이 예수님을 낳은 마리아를 축복하며 말할 때 칼이 너의 마음을 찌를 것이라 하여 예수님으로 인해 많은 사람들의 말 때문에 마리아가 많은 상처를 받게 될 것이라 말하고 있다.

이렇게 볼 때 본 절의 좌우에 날선 검은 실제로 군인들의 양날 칼을 말하는 것이 아니라 에베소서 6장 17절의 "구원의 투구와 성령의 검 곧 하나님의 말씀을 가지라" 할 때 성령의 검인 하나님의 말씀을 말하는 것임을 알 수 있다. 다시 말해 본 절의 좌우에 날선 검이란 예수님의 입에서 나오는 검 같은 말씀인 히브리서 4장 12절 말씀인 "하나님의 말씀은 살아 있고 활력이 있어 좌우에 날선 어떤 검보다도 예리하여 혼과 영과 및 관절과 골수를 찔러 쪼개기까지 하며 또 마음의 생각과 뜻을 판단하나니"를 말하고 있는 것이다.

그런데 본 절은 계시록에서 말씀하시는 좌우에 날이 선 검이라 함으로 이는 심판하실 때 주님이 칼같이 심판하신다는 말인데 이는 칼이 빈틈이 없고, 인정이 없는 것같이 악인을 심판하실 때는 인정 사정보지 않고 주님이 하신 말씀에 의해 심판하신다는 말이다(요 12:48, 나를 저버리고 내 말을 받지 아니하는 자를 심판할 이가 있으니 곧 내가 한 그 말이 마지막 날에 그를 심판하리라).

그런데 본 절의 '검'이라는 말은 헬라어로 '흐롬프하이아'로 이는 '군인용 칼의 일종, 길고 날이 넓은 칼'을 말하는데 좌우에 날이 선이라 함으로 이는 왼쪽 또는 오른쪽만 사용하는 칼이 아닌 왼쪽 오른쪽 양쪽으로 된 예리한 칼을 말한다.

관용어적으로 "주님의 입에서 좌우에 날선 검이 나오고"라는 말은 성령의 검인 말씀을 말하기는 하는데 계시록에서는 심판하시는 주님의 말씀을 말한다.

해가 힘있게 비치더라

계시록 1장 16절을 보면 '그의 오른손에 일곱 별이 있고 그의 입에서 좌우에 날선 검이 나오고 그 얼굴은 해가 힘있게 비치는 것 같더라' 하며 주님의 얼굴이 해가 힘있게 비치는 것 같다고 하고 있다. 그런데 여기서 얼굴은 헬라어로 '옵시스'로 이는 '외관, 얼굴, 용모'를 말하는 말로 상징적으로 은혜와 도우심을 말한다.

그리고 해는 "헬리우스"로 명사 '태양'인데 이는 비유적으로 '구원'을 말한다. 그러므로 이는 예수님은 은혜와 구원이 넘치는 분이심을 뜻하는 말이다.

관용어적으로 해이신 예수님은 심판의 주시기도 하시지만 일곱별인 성도를 돌보시고 또한 성도들에게 은혜와 구원을 베푸시는 사랑이 넘치시는 주님이시기도 하시다는 말이다.

살아있는 자와 열쇠

계시록 1정 18절을 보면 "곧 살아 있는 자라 내가 전에 죽었었노라 볼지어다 이제 세세토록 살아 있어 사망과 음부의 열쇠를 가졌노니"

하며 주님은 당신 스스로를 살아 있는 자라 하고 있는데 이는 헬라어 '카이 호 존'으로 이는 동사 '자오'에서 유래가 되었는데 '자오'는 물리적(육체) 생명으로 '사는 것, 병든 자가 회복되는 것, 사람이 건강하게 살아가는 것'을 뜻하는 말로 이는 살아 있는 상태를 말하는 '살다, 생(애), 생기 있는, 살아 있는' 말로 죽지 않고 지속적으로 살아 있는 상태를 말하는 말이다.

본 절에서 주님은 당신을 요한하게 소개하며 '나는 곧 살아 있는 자라'함으로 이는 영원히 살아 있음을 말하는'영원성'을 상징하는 말이다. '전에도 살아 있었고, 현재도 살아 있고, 미래에도 살아 있을 것이다'는 말이다.

여기서 "내가 전에 죽었었노라"고 하심으로 이는 십자가에서 죽으셨던 것을 말한다. 또한 '사망과 음부의 열쇠를 가졌노니'하며 예수님 당신이 사망과 음부의 열쇠를 가지셨다고 하고 있는데 여기서 열쇠는 명사 '클레이스'로 이는 '클레이오', '닫다'에서 유래가 되었다. 고대 헬라인들은 '하늘이 문들로 닫혀 있는데 이 문을 열 수 있는 존재는 신들이나 천사들인데 그들은 열쇠를 가지고 이 닫혀있는 문을 열수 있었다'고 생각했다. 유래가 되어 닫혀 있는 것을 여는 것으로 열쇠라는 말이 나오게 되었다. 한편 성경에서 열쇠는 청지기(집사)로 임명된 자에게 주어지는 것으로서 창고 관리에 대한 전권을 위임하는 표식, 문을 열고 닫을 수 있는 권위를 상징한다. 그래서 성경에서 열쇠는 "절대 권세나 권력"을 상징하는 말로 쓰인다(마 16:19 ; 계 3:7절 참고).

오늘날도 사람들이 절대 권한을 가진 것을 이야기 할 때"내가 열쇠를 가지고 있다"라고 말하는 것 같이 열쇠란 고전 헬라어때나, 70인역 때나, 예수님 때나 오늘날에도 똑 같이'절대 권한, 권세, 권위'를 상징하는 말로 쓰이고 있다.

관용어적으로 살아 있는 자란 죽지 않은 상태에서 지속적으로 살아 있는 영원성을 말하는 뜻이고, 열쇠란 절대 권한이나 권세를 뜻하는 말이다.

음부와 사망은 어떤 곳인가?

계시록 1장 18절을 보면 "곧 살아 있는 자라 내가 전에 죽었었노라 볼지어다 이제 세세토록 살아 있어 사망과 음부의 열쇠를 가졌노니" 하며 주님은 내가 사망과 음부의 열쇠를 가졌다고 하고 있고, 또한 이사야서 14장 9절을 보면 "아래의 음부가 너로 인하여 소동하여 너의 옴을 영접하되 그것이 세상에서의 모든 영웅을 너로 인하여 동하게 하며 열방의 모든 왕으로 그 보좌에서 일어서게 하므로"하며 바벨론 왕이 패망하여 죽어 음부에 내려온다는 소식은 그곳에 먼저 와 있던 세상의 영웅들과 열방의 뭇 왕들에게 있어서는 하나의 큰 화젯거리였다. 왜냐하면 세상에서 영원히 죽지 않고 철권통치 하려 했던 바벨론 왕도 죽어 나와 똑 같은 신세가 되었으니 어디 이름만 듣던 그가 어떻게 생겼는지 구경이나 하자고 음부에 먼저와 있던 열왕들이 그를 조롱하며 그를 보기 위해 몰려들었기 때문이라는 것이다.

그런데 계시록 1장 18절과 이사야서 14장 9절에 음부라는 말이 나오는데, 음부는 구약식 음부의 개념과 신약식 음부의 개념이 다르다. 히브리인들의 우주관은 영계를 포함한 온 우주는 하늘과 땅과 지하로 구성되어 있는데, 하늘은 하나님이 계신 곳을 의미하고, 땅은 인간들이 거하는 곳이며, 지하는 음부로 죽은 사람들이 거하는 곳으로 여겼다.

이 음부라는 말은 원래 '스올'이라는 말로 '구멍'이나 '땅 속에 파놓은 지하실'을 가리키는 말로 어둡고 침묵이 흐르는 곳을 말하지만 구약식 개념의 음부는 지옥이나 불신자의 영혼이 임시 머무는 거처가 아닌 단지 무덤의 개념으로만 쓰였다. 그러나 신약식 개념의 음부인 하데스는 불신자가 죽은 후 그의 영이 최후의 심판을 받기 전까지 대기하는 임시 처소라는 의미로 사용되었다.

이것이 히브리인들의 음부 개념인데 그들은 이 하데스라는 음부의 세계에 영혼들이 거주하는 동안 그 영혼들이 바다의 파도처럼, 땅의 지진처럼, 해산하는 여인처럼 하나님의 위엄 앞에서 몸부림치며 공포 속에서 떨면서 두려워하며 대기한다고 믿었다.

또한 고대인들과 히브리인들은 이 음부인 하데스가 땅 아래에 실제로 존재한다고 믿었다. 이렇게 볼 때 예수님을 믿지 않고 죽은 자들의 영혼은 지금 땅속 어딘지는 모르지만 하데스인 음부에서 공포 가운데 떨며 대기하고 있는 것이다.

또한 본 절에 '사망과 음부의 열쇠를 가졌다'고 하며 사망이라는 말이 나오는데 계시록에서 사망이라는 말은 계시록 20장 14절을 보면 "사망과 음부도 불 못에 던져지니 이것은 둘째 사망 곧 불 못이라"하며 사망이 첫 번째 목숨이 끊어지는 죽음을 말하는 것이 아니라 둘째 사망이라 해서 최후의 심판을 받은 후 불 못이라는 지옥 불에 영원히 떨어지는 것을 뜻하는 말이다.

관용어적으로 음부는 예수님을 믿지 않고 죽은 영혼들이 심판을 받기 까지 대기하는 땅속 어느 장소를 말하고, 사망은 육체의 죽음이 아닌 지옥 불에 떨어지는 것을 말하는 말이다.

비밀과 일곱 별인 일곱 교회의 사자

계시록 1장 20절을 보면 "네가 본 것은 내 오른손의 일곱 별의 비밀과 또 일곱 금 촛대라 일곱 별은 일곱 교회의 사자요 일곱 촛대는 일곱 교회니라"하며 비밀이라는 명사 '뮈스테리온'이 나오는데 '뮈스테리온'은 '전수받은 자'란 뜻을 가진 헬라어 '뮈스테스'와 '폐쇄시키다'라는 뜻을 가진 '뮈에오'로부터 파생된 말로서 '알려지고 전수되는 것이 폐쇄된 것'을 의미하는 말로 그 뜻은 "감춰진 것, 비밀, 신비"를 말한다.

그런데 이 '뮈스테리온'이란 말은 그 유래가 예수님 당시 밀교(한마디로 비밀 종교)라는 비밀종교 집단으로부터 시작되었다. 그들은 그들의 종교로 입교를 해도 어느 정도 단계가 지나기까지 그들의 교리를 가르쳐 주지 않고 비밀로 했는데 '뮈스테리온'이 바로 '뮈스테스(폐쇄시키다 즉 입을 닫다)'에서 파생되었다는 것이다. 당시 밀의 종교를 잠깐 이야기 하자면 '밀의'라는 말은 그리스어 동사 '미에인', '입이나 눈을 감다'에서 유래 되었는데, 이는 밀의 종교 입교자에게 비밀을 가르쳐 주지 않았기 때문인데, 이 밀의 종교에 입교를 하면 그 입교자를 '뮈스테스(비밀을 가르쳐 주지 않았다)'라 했고, 이를 교육시키는 사람을 '미스타고고스'라 불렀다. 이 밀의 종교는 3세기까지 최고의 인기를 누렸다고 한다.

그런데 이렇게 밀의 종교는 말 그대로 어느 정도 단계가 지나기 까지 모든 교리를 비밀로 했지만 예수님과 제자들은 이 천국 비밀이나 계시록의 비밀을 밀의 종교처럼 폐쇄시켜 알지 못하게 비밀로 하시지 않고, 그 비밀을 다 계시해 공개 했다.

그래서 본 절에도 '일곱 별의 비밀과 또 일곱 금 촛대의 비밀'도 계시해서 "일곱 별은 일곱 교회의 사자요 일곱 촛대는 일곱 교회니라"하며 공개하고 있는 것이다. 다시 말해 '밀의 종교'는 특정한 사람에게만 비밀이 공개되었지만 성경과 계시록은 누구에게나 종말에 대한 비밀이 다 공개되었다는 말이다. 그리고 그 비밀이 공개되는 장면이 바로 지금부터 시작되는 계시록 전체이다.

본 절에서 일곱 촛대는 일곱 교회라 했고(계 1:12절 참고), 일곱별은 일곱 교회의 사자라 하고 있는데, 여기서 '사자'는 헬라어로 '앙겔로이'인 '천사'를 말한다. 그래서 혹자는 본문의 사자가 요한이 일곱 교회에 본서를 전달하기 위해 보낸 편지 전달자로 보거나 아니면 당시 교회 감독을 가리키는 것이라 해석하기도 한다.

그러나 별을 이렇게 추상적인 존재인 천사로 말하면 이는 사람인 성도를 말하는 말로 쓰였다. 그러므로 본 절의 앙겔로이는 추상적인 존재이기에 사람인 성도를 말하는 것이다.

또한 계시록 2장 1절을 보면 수신자(대상)가 에베소 교회의 사자라로 되어 있는데 계시록 2장 7절의 수신자(대상)는 "귀있는 자는 성령이 교회들에게 하는 말씀을 들을지어다"하며 수신자가 에베소 교회의 사자인 천사가 아니라 교회들이라 밝히고 있다(한마디로 수신자가 다르다). 이는 계시록 2장 1절의 수신자(대상)가 실제로는 에베소 교회의 사자(천사)가 아닌 교회들임을 말해주는 것이다. 다시 말해 주님이 수신자를 말씀하실 때는 천사로 말씀하셨지만 실제로 주님의 말씀을 실행 하시는 성령께서는 수신자를 교회들로 말씀하시고 계신 것이다. 이는 사자가 천사가 아니라 교회들인 성도라는 뜻이다. 그런데 만약 여기서 교회라고 하면 이는 단수이기에 수신자가 촛대인 교회(본 절)가 되지만 교회들이라 하며 복수로 말하기에 이는 수신자가 각 성도들을 말하는 것이 되는 것이다.

또한 구약 '미가서'는 '미가엘' 천사에서 유래가 되어 천사 미가라는 뜻이고, 학1:13절은'여호와의 사자 학개'라 하며 학개를 천사로 말하고 있고, 말라기는 말라크(천사)에서 유래 되어 "나의 사자(천사)"라 하며 말라기를 천사라 하고 있다. 이렇게 사람인 미가, 학개, 말라기에게 천사라는 칭호를 붙이고 있음으로 볼 때 본 절의 앙겔로이는 사람인 성도를 말하는 말인 것이다. 또한 신약 성경에서도 사람을 천사라고 말한 부분이 6부분이 나온다(약 2:25 ; 마 11:10 ; 눅 7:27 ; 눅 7:24 ; 눅 9:52). 그러므로 이런 모든 정황들을 종합해 볼 때 본 절의 앙겔로이는 사람인 성도를 뜻하는 말이다.

관용어적으로 신약성경에서 비밀은 감추어진 것이 아니라 주님과 제자들을 통해 언제나 공개된 비밀을 말하고, 일곱 별은 일곱 교회의 사자라는 말은 추상적인 존재임으로 이는 사람인 성도를 뜻하는 말이다.

하존 요한 계시록 1

제 2 강

계시록 2 장

|계 2 장

될 대로 되라는 에베소 교회

계시록 2장 1절을 보면 "에베소 교회의 사자에게 편지하기를 오른 손에 일곱별을 붙잡고 일곱 금촛대 사이에 다니시는 이가 가라사대"하며 주님이 에베소 교회에 편지를 했다고 하는데, '에베소' 교회를 알기 위해서는 먼저 에베소 지역의 정치, 경제, 종교를 알아야 한다. 그러므로 먼저 에베소 지역의 정치, 경제, 종교를 알아보도록 하겠다.

당시 에베소 지역은 정치적으로는 로마로부터 자치권을 인정받아 독자적 행정관이 있었고 민주적으로 선출된 통치 기관으로서 '불레'라는 민회관과 순회 재판소가 있었다. 당시 소아시아의 명목상 수도가 '버가모'였다면 정치, 경제, 문화의 실질적 수도는 에베소였다. 경제적으로는 소아시아의 실질적 수도였기에 상업이 발달해 소아시아에서 제일 부유한 도시였고, 유프라테스에서 라오디게아를 경유하여 에베소까지 이르면서 동방의 산물이 종착지였다. 종교적으로는 세계 7대 불가사의 중 하나인 아데미 여신상이 있어서 미신이 성행하였으며 황제 숭배가 행해지던 부도덕한 곳이었다.

이런 에베소에 기독교 신앙이 전파된 것은 브리스길라와 아굴라에 의해서 이루어졌으며 또한 바울이 이 에베소 지역에 2년 간 머무르며 목회했고 후에 아볼로와 디모데가 목회했고, 요한이 이곳에서 목회 하다 밧모섬으로 유배를 갔다. 다시 돌아와 목회하다 죽었음으로 에 베소교회는 예루살렘과 안디옥에 이어 기독교 선교의 3번째 중심지가 된다(행 19장 ; 딤전 1:3)

기독교 3대 교회중 하나인 에베소 교회는 주후 30~100년의 정통 파 교회인 사도 교회를 상징하며, 에베소라는 뜻은 "긴장을 놓다. 될 대로 되라"라는 뜻을 가지고 있는 복불복 교회로 "나만 아니면 된다. 다른 사람은 될 대로 되라"라는 생각을 가지고 신앙 생활한 정통파 교 회로 정통 교리만 주장하다 정작 사랑을 잃어버려 주님으로부터 책망 받은 교회이다.

한편 본 절에 '오른손에 일곱 별을 붙잡고(계 1:16 ; 계1:20 참고)' 하고 있는데 여기서 "붙잡고"라는 말은 헬라어로 '크라톤'인데 그 뜻은 '힘,통치,세력,권능'이라는 '크라토스'에서 유래가 되어 이는 단순히 붙잡다라는 말이 아니라 어떤 큰 통치자에 의해 체포되고, 결박되듯이 붙잡히는 것을 말하는 '붙잡다.붙들다.취하다'라는 뜻을 가졌다. 그러 므로 주님이 오른손으로 일곱별인 에베소 교회 성도들을 붙잡았다 할 때는 이는 단순하게 붙잡은 것이 아니라 단단히 붙잡았다는 뜻이다.

그런데 주님이 에베소 교회에 일곱 별을 붙잡고 일곱 금촛대 사이로 거니시는 모습으로 나타나셨는데 여기서 7별과 7촛대는(계 1:12절 참고) 전 세계 교회와 성도들을 주님이 돌보시는 것을 말한다. 특별히 에베소 교회에 주님이 이런 모습으로 나타나셨다는 것은 주님이 에베소 교회를 특별히 사랑하셔서 열심히 에베소 교회 성도들을 돌보시고 사랑하시며 사역하시는 것을 말하는 것이다.

그런데 에베소 교회는 주님이 이렇게 자신들을 헌신적으로 돌보시는 것을 본받지 않고 형제와 이웃에 대하여 무관심 하며 이웃과 형제에 대하여는 될 대로 되라는 식으로 신앙생활을 하며 형제를 사랑하지 않고 외면해서 첫 사랑을 잃어버리고 말았던 것이다. 이는 정통 신학을 중요시 여기다 보니 이웃 사랑에 소홀해졌기 때문이다.

오늘날도 교리와 신학을 중요시 여기다 보면 이웃 사랑에 대해 소홀해 질 수 있음을 말해 준다.

관용어적으로 에베소라는 말은 될 대로 되라는 뜻이다.

첫 사랑을 잃어버린 에베소 교회

계시록 2장 4절~5절을 보면 "그러나 너를 책망할 것이 있나니 너의 처음 사랑을 버렸느니라, 그러므로 어디서 떨어진 것을 생각하고 회개하여 처음 행위를 가지라."하며 에베소 교인들이 처음 사랑을 버렸다고 하는데 이 처음 사랑이 무엇을 말하는지에 대한 견해가 다양하다. 혹자는 이 처음 사랑을 예수님을 영접하며 가졌던 하나님과 예수님에 대한 사랑을 말한다고 하고, 혹자는 이는 사도행전 20장 35절의 "주 예수의 친히 말씀하신 바 주는 것이 받는 것보다 복이 있다 하심을 기억하여야 할지니라"하며 주는 것이 받는 것 보다 복이 있다는 이웃인 형제에 대한 사랑을 의미한다고 주장한다.

그런데 너의 처음 사랑을 버렸다는 말은 헬라어로 "아가펜 수 텐 프로텐 아페카스"라는 말인데 여기서 "아가펜"이란 말은 '아가페'에서 유래가 되었는데 이 아가페는'신이 인간을 향한, 인간의 신을 향한, 인간의 인간을 향한 사랑'을 뜻하는 말로 이는 보통 기독교의 사랑을 말하는 말로 하나님이 우리를 사랑하는 사랑을 말하고, 기독교인이 이웃을 사랑하는 사랑을 말한다. 프로텐은 '시작,먼저'라는 뜻을 가진 프로토스에서 유래가 되었고 이 말은 또한 '~앞에, 이전에,~위에'라는 '프로'에서 유래가 되었다. 그러므로 프로텐은 가장 먼저에 해당하는'처음'이란 뜻을 가지고 있다.

또한 단회적 행동을 나타내는 '아페카스'는 '버리다,떠나다'라는 뜻을 가진 '압히에미'에서 유래가 되었고, '압히에미'는 '떨어져서, 분리'라는 뜻을 가진 '아포'에서 유래가 되었다. 본 절의 '아페카스'는 부정 과거로 단회적 행동을 나타내는 말로 처음 사랑과 완전히 단절되었음을 뜻하는 말이다.

이렇게 원어로 분석해 볼 때 '처음 사랑을 버렸다'는 말은 기독교인이 처음 가졌던 형제를 사랑하는 사랑을 말하는 것임을 알 수 있다. 왜냐하면 사도행전 2장 44절을 보면 "믿는 사람이 다 함께 있어 모든 물건을 서로 통용하고"하며 통용을 했고, 사도행전 4장 34절을 보면 "그 중에 가난한 사람이 없으니 이는 밭과 집 있는 자는 팔아 그 판 것의 값을 가져다가"하며 통용했더니 가난한 형제가 없었다고 하고 있기 때문이다. 다시 말해 기독교의 처음 사랑은 바로 사도행전 2장 44절과 사도행전 4장 34절 에서 말하는 물건을 통용했던 형제 사랑을 말하고 있는 것이다. 에베소 교인들도 처음에는 이 초대교회의 통용의 원리를 받아들여 형제들을 섬기며 사랑했었는데 후에 사랑을 잃어버렸던 것이다.

또한 이 '아가페' 사랑이 형제 사랑이라는 증거는 5절 처음 행위를 가지라는 말 때문이다. 왜냐하면 이 말이 '프로타(프로토스) 엘가(엘곤)'로 되어 있는데, 여기서 엘곤은 '일하다'라는 '엘고'에서 유래되어 '노역, 직업으로서 노력, 행위'로 해석되기 때문이다. 다시 말해 처음 행위가 노역과 같은 일이었다는 것이다. 우리가 하나님을 사랑하는 것은 노역이 아니다. 그러나 이웃을 사랑하는 것은 노역과 같이 힘든 일이다. 그러므로 처음 사랑이란 형제를 사랑하는 것을 말하는 말이며, 처음 행위를 가지라는 말은 초대 교인이 가졌고, 에베소 교인들이 처음에 가졌던 통용을 가지라는 말인 것이다.

에베소 교인들이 이렇게 처음 사랑인 통용을 잃어버린 이유는 당시 니골라당이라는 이단이 에베소에 성행해 이들을 경계하다 보니 전도해 오면 색 안경을 쓰고 '혹시 니골라당이 아닌가' 해서 형제를 사랑하지 못했기 때문이다.

마치 오늘날 새 신자가 오면 혹시 신천지는 아닌가 오해해 형제를 사랑하지 못하는 것 같이 에베소 교인들도 그렇게 오해해 형제를 사랑하지 못함으로 첫사랑을 잃어버리게 되었던 것이다.

관용어적으로 첫사랑이란 초대 교회와 에베소 교회에서 초창기에 했던 통용을 말하고 처음 사랑을 잃어버렸다는 말은 통용을 잃어버린 것을 말한다.

아가페와 아가파오 사랑에 대하여

계시록 2장 4절을 보면 "그러나 너를 책망할 것이 있나니 너의 처음 사랑을 버렸느니라"하며 사랑에 대하여 나오는데 헬라어로 사랑에는 5가지가 있다.

첫째는 '스토르게' 사랑이 있다.
이 사랑은 넓은 의미로는 부모, 형제, 친지, 자식 간의 사랑이지만 좁은 의미로는 부모의 사랑을 말하는 말로 이는 부모가 자녀를 사랑하는 천륜적인 모성애를 말하는 사랑이다.

두 번째는 '에로스'적 사랑이 있다.

이 사랑은 이성간의 뜨거운 육체적 사랑을 말한다.

세 번째는 '필로스(필레오)'적 사랑이 있다.

이 사랑은 우정적인 사랑으로 친구 사이에 비밀이 없는 친밀한 우정을 말한다.

네 번째는 '아가페'적 사랑이 있다.

이 사랑은 하나님이 우리를 사랑하는 것을 말하며, 인간이 인간을 사랑하는 것을 말하는데 한마디로 대중적인 사랑으로 감정을 초월한 사랑을 말한다.(박애주의적 사랑)

다섯째로 '아가파오'적 사랑이 있다.

이 사랑은 부모가 자녀를, 하나님이 우리를, 우리가 누구를 사랑할 때 개인적인 감정을 가지고 사랑하는 사랑을 말한다.

관용어적으로 우리는 이웃이나 형제를 사랑할 때는 아가페로 사랑하고, 부모 형제를 사랑할 때는 스토르게로 사랑하고, 친구와 주님을 사랑할 때는 비밀 없이 친밀하게 사랑해야 하고, 부부간에는 에로스적으로 사랑해야 하고, 하나님과 자녀를 사랑할 때는 아가파오로 사랑해야 한다.

회개하라

계시록 2장 5절을 보면 "그러므로 어디서 떨어진 것을 생각하고 회개하여 처음 행위를 가지라 만일 그리하지 아니하고 회개하지 아니하면 내가 네게 가서 네 촛대를 그 자리에서 옮기리라"하며 첫 사랑이 어디서 떨어졌는지 생각하라 하고 있는데 여기서 '생각하고'라는 말의 헬라어 '므네모뉴에'는 동사 현재 능동태 명령형으로 '스스로 원인을 찾을 때까지 계속해서 생각하고 회상하라'는 의미로 '기억을 더듬다.생각하다.기억하다'라는 뜻을 가진 '므네모뉴오'에서 유래가 되었다. 이 말은 '회고, 기억'이라는 뜻을 가진 '므네메'에서 유래가 되었다. 그러므로 생각하라(므네모뉴에)는 말은 에베소 교인들이 잃어버린 처음 사랑을 회복하기 위해 그것이 어디서부터 잘못되었는지 스스로 기억을 더듬어 원인을 찾을 때까지 생각하라는 말이다.

또한 "회개하여 처음 행위를 가지라"하며 회개하라 하고 있는데 여기서 회개라는 말은 헬라어 '메타노에손'으로 이는 동사 '돌이키다, 회개하다'라는 뜻을 가진 "메타노에오"의 제1 부정 과거 능동태 명령법으로 원인을 찾았으면 미적 거리지 말고 단번에 결정하고 돌아오라는 명령으로 아주 긴급함을 나타내는 시상이다. 그런가 하면 '후회하다, 뉘우치다'라는 뜻을 가진 '메타멜로마이'는 가룟 유다처럼 울면서 뉘우치는 것을 말하는데 이를 우리는 회심이라 한다.

성도들은 회개하지 못하고 회심을 한다. 왜냐하면 회개한 후에도 앙금이 남아 있고, 죄책감에 사로 잡혀 있기 때문이다. 이렇게 회개 했음에도 불구하고 사람들과의 관계에서 앙금이 남아 있고, 죄책감이 남아 있다는 것은 '메타노에오' 회개를 하지 못하고 메타멜로마이 회개를 했다는 뜻이다.

그런데 고전 헬라어와 70인역에서는 '메타노에오'를 '메타멜로마이'의 개념으로 사용해 '유감으로 생각하다, 후회하다, 양심의 가책을 느끼다, 한탄하다'로 사용하였다. 왜냐하면 메타노에오의 '메타'가 '후에'라는 전치사와 '노에오'라는 '지각하다, 인지하다, 생각하다'라는 말의 합성어로 '늦게 알게 되다'의 의미로 사용해 결국 '늦게 알고 이해하고 지각해서 뉘우치'는 것으로 사용했기 때문이다.

그리고 지금의 '메타노에오'의 개념은 히브리어 '슈브'라는 '돌아옴'이라는 말을 신약성경에서 메타노에오로 해석하며 생긴 것이다. 이 슈브를 70인역에서는 메타노에오가 아닌 '에피스트레포(복귀하다, 개종하다, 돌아오다, 돌아가다1994)'의 개념으로 해석했지만 신약성경에서는 이를 메타노에오로 해석해 비로소 오늘날의 회개라는 개념을 갖게 되었다.

"네 촛대를 그 자리에서 옮기리라" 하고 있는데, 이렇게 에베소 교회가 '메타노에오' 회개를 하지 못하고 '메타멜로마이' 회개를 하면 촛대를 옮기신다는 뜻이다. 이 촛대는 계시록 1장 12절과 20절에 나와 있는 것 같이 교회를 상징한다. 그런데 그 촛대(교회)를 옮기신다는 것은 하나님의 교회에서 제거해 버리신다는 뜻으로 에베소 교회는 결국 메타노에오 회개를 하지 못하고 메타멜로마이 회개를 함으로 역사 속으로 사라지고 말았다.

관용어적으로 회개란 원인을 찾았으면 미적거리지 말고 단번에 결정하고 돌아오는 메타노에오를 말하는 것이지 메타멜로마이를 말하는 것이 아니다.

니골라당과 버가모 교회와 안디바 순교 (계 2:6, 계 2:13)

계시록 2장 6절을 보면 "오직 네게 이것이 있으니 네가 니골라당의 행위를 미워하는도다 나도 이것을 미워하노라"하며 니골라당이 나온다. '니골라'에 해당하는 헬라어 '니콜라이톤'은 '백성'을 뜻하는 '라오스'와 '없애다' 혹은 '정복하다'를 의미하는 '니카오'의 합성어로 '하나님의 백성을 없애는 자'라는 뜻을 가졌는데, 이와 똑 같은 뜻을 가진 구약 성경에 인물이 있었으니 그는 바로 민수기 22장 12절에 나오는 '발람'이다. 그런데 이 '발람'이라는 뜻도 역시 니골라와 같이 '백성을 이긴 자'란 뜻을 가지고 있다. 그러므로 니골라나 발람은 하나님의 백성을 타락시켜 없앤 자들인 것이다. 또한 미워하다라는 말의 헬라어 '미세오'는 '몹시 싫어하다'라는 말인데 이 말은 '미소스', '증오'에서 유래가 되었음으로 결국 주님은 니골라 당의 교훈을 '몹시 증오하며 싫어하셨다'는 말이다.

그러면 본 절에 나오는 니골라는 누구인가? 그는 사도행전 6장 5절에 나오는 일곱 집사중 한 사람으로 일찍이 시리아 안디옥에서 태어났다. 그는 원래 유대교 교인이었으나 어느 날 안디옥에 온 여자 전도자 순두게(빌4:2)를 만나 전도를 받고 개종한다. 그는 "유대교에 입교한 안디옥 사람"이라 하였는데 이는 유대교로부터 기독교로 개종하였다는 말이다. 그는 복음을 받아들이고 예수님을 구주로 영접한 사람이었다. 그는 이왕 믿을 바에야 믿음의 본고장인 예루살렘에 가서 제대로 예수님의 제자가 되겠다는 신념으로 안디옥에서 이스라엘로 왔다. 그는 예수님을 따라 다니던 72명의 제자들 중의 한 사람이었고, 일곱 집사를 뽑을 때 안수까지 받았던 집사중 한 사람이었다.

그런데 그렇게 열심히 예수님을 따르며 복음을 배웠고 안수까지 받은 집사가 왜 이렇게 변질되어 계시록에 와서는 예수님이 미워하는 교리를 만들었을까? 사도행전 9장에 기록된 교회에 박해가 있을 때 니골라는 은둔했다고 한다. 그는 은둔생활을 하면서 하나의 교리를 정립했는데 그것이 바로 니골라당의 교리였다. 그런데 이 교리를 예수님과 에베소 교회는 미워했다. 그러나 불행하게도 버가모 교회는 이 교리를 그대로 받아들여 믿게 된다. 본 절에 보면 "네가 니골라당의 행위를 미워하는도다 나도 이것을 미워하노라"하며 행위라는 말이 나오는데 행위라는 말은 헬라어로 '엘곤'으로 이는 몸소 실행함을 의미하는 말이다.

계시록 2장 15절을 보면 버가모 교회를 향해 주님은 '니골라당의 교훈을 지키는 자가 있도다'하며 버가모 교회는 니골라당의 교훈을 그대로 받아들인 자들이 많다고 하였다. 여기서 교훈은 '디다체'로 이는 교육적으로 대중에게 말하고 가르치는 이론적인 교리를 말한다. 그러므로 이 말을 통해 알 수 있는 것은 에베소 교회는 비진리가 들어오는 것을 배척하였으나, 버가모 교회는 비진리가 들어 왔을 때 그대로 수용했다는 말이다.

교회사나 역사를 찾아보면, 니골라의 교리는 구원에서 행위를 부정하는 사상이었다. 니골라의 사상은 구약의 율법적인 제도와 교리들은 신약교회 안에서는 필요치 않으므로 율법의 행위에 제약받지 않고 사랑만을 강조하는 교리였다.

니골라당의 교리는 하나님 앞에서 구원받는 중요한 요소는 영만 구원받는다(벧전 1:9)는 것이었다. 그들은 몸은 땅에 묻어 썩으므로 썩어질 육신은 마음대로 즐겨도 된다며 행위를 부정하였다. 그래서 그들은 '생활 가운데 육신은 음행해도 되며, 세속에 물들어도 좋으니 육신의 정욕을 억제시키면 안되고, 먹고 마셔도 영만 순수하면 천국에 갈 수 있다'고 하며 이원론적 영지주의를 주장했는데, 이것이 니골라당의 교훈이다(영지주의 창시자는 사도행전 8장 9절~24절의 마술사 시몬 마구스라고 폴리캅의 제자 이레니우스는 말함). 니골라의 이 영지주의적 교리로 인하여 고린도 교회도 우상 숭배와 음란 등으로 타락하게 된다. 도덕적으로 타락되면 이러한 습관에 물들어 버려서 성적 행위도 죄로 깨닫지 못하게 되고, 사람의 생각과 행위가 그런 성 행위에만 집착함으로 인하여 하나님 앞에 나아가서 주일에도 예배할 마음이 없어지게 된다. 결국 이러한 결과는 신자들의 신앙생활을 송두리째 흔들어 놓게 된다.

에베소 교회는 니골라당의 교훈에 좌우되거나 끌려가지 않았고, 따르지도 않았고, 그런 교훈을 좋아하지도 않았고, 타협하지도 아니하고, 철저히 미워했지만 버가모 교회(계 2:12)는 사정이 달랐다. 버가모 교회 신자들은 '예수를 믿기만 하면 영혼이 구원됨으로 술과 도박과 음란을 행하도 괜찮다'는 니골라당의 교훈을 그대로 받아들여 지키게 되었던 것이다. 이러한 악습에 대하여 당시 버가모 교회 감독 안디바는 이 일로 인해 신자들을 책망한다. 그러자 니골라를 따르던 버가모 교인들은 회개할 생각은 아니하고 오히려 로마정부에 안디바 감독을 고발하길 '안디바가 황제예배를 반대하는 설교를 하며 가르친다'하여 고발한다. 이 일로 인해 결국 안디바는 순교를 당한다(계 2:13). 사실 안디바는 황제 예배는 우상 숭배이므로 절대로 황제 예배를 해서는 안 된다고 가르쳤기 때문에 변명하지 않고 순교를 한다. 이 사건은 자신들의 죄를 감추고 모면하기 위해서 어두움의 권세와 합세하여 목자를 희생시킨 사건이다. 버가모 교회는 외부로부터 오는 큰 핍박은 죽음을 감수하고 잘 감당했지만(계 2:13) 포도원을 허무는 작은 여우 같은 잘못된 이단 교훈은 막지 못해 결국 주님과 싸우는 교회가 되었다(계 2:14~15).

오늘날 이와 같은 구원관을 가지고 있는 교훈이 있으니 그것은 선택되어 구원받으면 어떤 일이 있어도 심지어 사람을 죽여도, 성행위를 해도, 견인되어 구원 받는다는 칼빈주의 교훈이다. 이런 잘못된 구원관은 현대판 니골라당의 교훈이요. 현대판 니골라당이라 할 수 있는 것이다. 이런 구원론은 에베소 교회와 주님이 미워했던 니골라당의 교훈인 것이다.

귀 있는 자는 들으라, 교회들

계시록 2장 7절을 보면 "귀 있는 자는 성령이 교회들에게 하시는 말씀을 들을지어다 이기는 그에게는 내가 하나님의 낙원에 있는 생명 나무의 과실을 주어 먹게 하리라"하고 있는데 여기서 '귀'는 관용어적으로 순종하고 복종하라는 말로 히브리인들이 즐겨 쓰던 표현법이다.

그런데 이 말을 주님도 마태복음 13장 9절을 보면 "귀 있는 자는 들으라 하시니라" 하며 종종 사용하시던 말씀이다. 우리가 외국인을 만나면 통역을 통하여 그의 말을 들을 수 있는 것 같이 '귀'는 바로 우리 신체에서 소리를 분별해서 통역하여 우리 뇌에 전달하는 역할을 한다. 그래서 귀가 들리지 않는 사람은 마치 통역사가 없는 것 같이 우리가 말을 해도 알아 들을 수가 없는 것이다. 그러므로 귀의 역할은 중요하다. 그래서 하나님의 말씀도 이 통역사인 귀가 잘못 되어 있는 사람은 들을 수가 없다는 것이다.

예레미야는 사람들이 예언자들을 통해서 전해지는 하나님의 말씀을 제대로 듣지 못하는 이유를 그 귀가 할례(통역사가 없어서) 받지 못해서라 하였다(렘 6:10). 다시 말해 예레미야식으로 표현하면 귀에 할례(통역사가 있는 사람만)를 받은 사람만 내(주님, 성령) 말을 듣고 순종하게 되어있다는 것이다.

그런데 여기서 '귀 있는 자'에 해당하는 헬라어 '호 에코 우스'는 한 사람만 들으라는 말이 아니라 교회 전체에 속한 청중 모두를 가리키는 것으로(계 2:11 ; 계 2:17 ; 계 2:29절 ; 계 3:6 ; 계 3:13 ; 계 3:22) 청중 모두에게 들을 수 있는 기회를 주었다는 뜻이다. 그러나 내말을 듣고 이해 할 수 있는 사람은 다만 할례 즉 성령의 통역사가 있는 사람만 듣고 이해하고 순종할 수 있다는 것이다(계 2:29). 왜냐하면 성령이 교회들에게 하시는 말은 성령을 받은 자만 그 세미한 음성을 들을 수 있기 때문이다.

　또한 "성령이 교회들에게 하시는 말씀을 들을지어다"하며 수신자(대상)를 '교회들'하며 복수로 말함으로 이는 단지 계시록 2장 1절~7절 말씀의 대상이 소아시아 7교회나 에베소 교회만 한정하는 것이 아니라 전 세계 교회임을 알 수 있는 것이다.

　관용어적으로 이 말은 내 말을 듣고 이해해서 순종할 사람은 순종해서 행하고, 만약 이해하지 못하면 복종해서라도 행하라는 말이다. 왜냐하면 귀의 역할이 통역의 역할을 하는 것 같이 성령을 받으면 성령의 통역을 통하여 순종 또는 복종하게 되어 있기 때문이다. 또한 '성령이 교회들에게 말씀하신다'하며 수신자(대상)가 복수임으로 그 대상이 전 세계 교회라는 뜻이다.

이기는 자(니카오)

계시록 2장 7절을 보면 "귀 있는 자는 성령이 교회들에게 하시는 말씀을 들을지어다 이기는 그에게는 내가 하나님의 낙원에 있는 생명 나무의 과실을 주어 먹게 하리라"하며 '이기는 그에게'라는 말이 나오는데 이에 해당하는 헬라어'토 니콘티'는 관사가 있는 현재 능동태 분사로 계속해서 이기는 자를 가리키며 본서와 복음서에서 여러 번 반복되는 문구이다(계 2:17,26절 ; 계 3:5,12,21 ; 계 5:5 ; 계12:11 ; 계 15:2 ; 계 17:14 ; 요 16:33 ; 요일 2:13).

그런데 이 '니콘티'는 '이기다, 패배시키다, 정복하다'라는 뜻을 가진 동사 '니카오'에서 유래가 된 법적으로 소송에서 이겼을 때 사용하는 말이고, 전투에서 승리를 나타내는 군사적 용어이다. 그런데 이 '니카오'는 '정복,승리'를 뜻하는 '니케'에서 유래가 되었는데 고대 헬라어와 70인역과 코이네와 신약성경에서도 역시 그 뜻이 변하지 않고 '승리,정복'을 뜻하는 군사적 용어로 쓰이고 있다.

그런데 계시록에 '니카오'라는 말이 주님에게 적용될 때는 '이긴자(계 3:21 ; 계 5:5)'로 나오고, 성도에게 적용할때는 '이기는자(계2:11 ; 계 2:17 ; 계 2:17 ; 계 2:26 ; 계 3:12)'로 나오고, 마귀의 세력에게 적용 될 때는'이기려 하는자(계 6:2)'로 나온다. 그런데 계2~3장의 교회장에서 "귀 있는 자"나 "이기는 자"라는 말이 나오면 이는 신앙의 승리자인 모든 성도들에게 앞으로 천당에서 주실 복에 대한 후렴구이다.

관용어적으로 이기는 자나, 이긴 자나, 이기려 하는 자인 니카오는 군사적 용어이다.

계시록 2장~3장 교회장은 당시 교회를 말해주는 것이 아니라 오리엔테이션이다.

계시록 2장 7절을 보면 "귀 있는 자는 성령이 교회들에게 하시는 말씀을 들을지어다 이기는 그에게는 내가 하나님의 낙원에 있는 생명나무의 열매를 주어 먹게 하리라"하고 있고, 계시록 2장 11절을 보면 "귀 있는 자는 성령이 교회들에게 하시는 말씀을 들을지어다 이기는 자는 둘째 사망의 해를 받지 아니하리라"하고 있고, 계시록 2장 17절을 보면 "귀 있는 자는 성령이 교회들에게 하시는 말씀을 들을지어다 이기는 그에게는 내가 감추었던 만나를 주고 또 흰 돌을 줄 터인데 그 돌 위에 새 이름을 기록한 것이 있나니 받는 자 밖에는 그 이름을 알 사람이 없느니라"고 했다. 계시록 2장 26절~28절을 보면 "이기는 자와 끝까지 내 일을 지키는 그에게 만국을 다스리는 권세를 주리니, 그가 철장을 가지고 그들을 다스려 질그릇 깨뜨리는 것과 같이 하리라 나도 내 아버지께 받은 것이 그러하니라, 내가 또 그에게 새벽 별을 주리라"하고, 계시록 3장 5절을 보면 "이기는 자는 이와 같이 흰 옷을 입을 것이요 내가 그 이름을 생명책에서 결코 지우지 아니하고 그 이름을 내 아버지 앞과 그의 천사들 앞에서 시인하리라" 하고 있고, 계시록 3장 12절을 보면 "이기는 자는 내 하나님 성전에 기둥이 되게 하리니 그가 결코 다시 나가지 아니하리라 내가 하나님의 이름과 하나님의 성 곧 하늘에서 내 하나님께로부터 내려오는 새 예루살렘의 이름과 나의 새 이름을 그이 위에 기록하리라"하고 있고, 계시록 3장 21절을 보면 "이기는 그에게는 내가 내 보좌에 함께 앉게 하여 주기를 내가 이기고 아버지 보좌에 함께 앉은 것과 같이 하리라"하고 있다.

혹자들은 계시록 2장~3장의 교회장은 요한 당시 교회 문제를 다루는 내용이라 해서 소홀히 여기는데 그러나 사실 계시록 2장~3장은 계시록의 오리엔테이션으로 계시록의 진행 방향을 설명해 주는 내용이다. 그래서 계시록 2장~3장의 핵심을 놓치면 나머지 부분을 해석하는데 어려움을 겪게 되어있다. 한마디로 말씀 드리면 계시록은 두괄식으로 계시록 2장~3장에서 결론을 내려놓고, 그 내려놓은 결론을 디테일(구체적)하게 설명해 주는 것이 계시록 전체의 내용이라는 것이다. 그래서 계시록 2장~3장에서 나왔던 주제들이 계시록에서 다시 나오게 되는 것이다.

그래서 신앙의 승리자에게 주어지는 복들인 계시록의 주제인 낙원에 대한 이야기가 계시록 21장 1절에서 새 하늘 새 땅으로 다시 등장하고 있고, 둘째 사망에 대한 이야기가 계시록 21장 8절에 다시 등장하고 있고, 둘 위에 새 이름을 기록하리라는 말씀은 계시록 7장에서 인치는 이야기로 다시 등장하고 있다. 만국을 철장으로 다스리는 최후의 심판에 대하여는 계시록 20장 14절에 다시 등장하고 있고, 생명책에 관한 이야기는 계시록 20장 12절에 다시 등장하고 있고, 하나님으로부터 내려오는 새 예루살렘에 대한 이야기는 계시록 21장 10절에 다시 등장하고 있다. 주님과 함께 보좌에 앉아 영원히 왕 노릇 하리라는 말씀은 계시록 22장 5절에 다시 등장하고 있는 것이다. 또한 불신자들이 받는 고난도 계시록에서 다시 등장하고 있다.

관용어적으로 계시록 2장~3장은 계시록의 결론이며 또한 계시록의 진행방향을 설정해 주는 오리엔테이션으로 2장~3장에서 다루었던 주제들을 다시 구체적으로 설명해 주는 것이 요한계시록의 내용이다.

낙원인 파라데이소스

계시록 2:7절을 보면 "귀 있는 자는 성령이 교회들에게 하시는 말씀을 들을지어다 이기는 그에게는 내가 하나님의 낙원에 있는 생명나무의 과실을 주어 먹게 하리라"하며 '이긴자'에게 낙원에서 생명나무 과실을 먹게 하리라 하고 있는데 이 낙원은 고린도 후서 12장 4절에도 나온다. 고린도 후서 12장 4절을 보면 "그가 낙원으로 이끌려 가서 말로 표현할 수 없는 말을 들었으니 사람이 가히 이르지 못할 말이로다"하며 바울 사도가 낙원에 갔다고 하는데 여기서 낙원은 "파라데이소스"로 페르시아에서 유래된 말로 '페르시아'인들은 '파라데이소스'인 낙원이란 귀족들이 교제하는 옥외 공원을 낙원인 '파라데이소스'로 불렀다.

이런 낙원의 의미를 종교적인 의미로 사용한 사람들은 헬라인들이다. 그들은 악인의 사후 거처(영원히 거하는 곳)를 하데스(음부)라 했고, 의인의 사후 거처를 낙원이라 했다. 이러한 헬라 사상의 영향을 받은 B.C. 3세기경의 유대인들은 종전에 인간의 사후 처소(임시)로 '음부' 하나로만 생각하고 있는 것을 악인의 사후 거처(영원히 거할 곳)를 '게헨나(지옥)'라 해서 사후 거처가 한 곳이 더 있다고 했고, 의인의 사후 거처는'낙원' 하나만 있는 것으로 생각했다. 그런데 예수님 시대에 와서 예수님은 의인의 최후 거처를 천국이라 말씀하심으로 비로소 낙원과 천국을 분리시킨다. 그래서 그 이후에는 낙원은 성도의 임시 처소이고, 천국은 성도들이 영원히 거할 거처로 말한다. 이후 신약에서는 최후의 심판이 있기 전까지 사람들이 개별적으로 사후에 머무르는 음부와 낙원을 가리켜 '중간기 처소'라 명명하고 있다.

한편 낙원이라는 말은 히브리어 에덴 동산을 70인역 헬라어로 번역하는 과정에서 파라데이소스 즉 낙원으로 번역한 이후부터 성경에서 에덴동산을 낙원으로 인용하기 시작해 신약성경에서 낙원으로 쓰이게 되었다. 당시 유대인들은 천국을 에덴동산으로 보아 유대인이 죽으면 낙원인 에덴동산으로 영혼이 돌아간다고 생각했다. 그리고 이방인이 죽으면 음부에 가는 것으로 이해했다. 그래서 혹자는 예수님이 오시기 전까지 유대인이 죽으면 그 영혼들이 낙원인 에덴동산에 실제로 갔다고 생각했으나, 예수님이 누가복음 23장 43절 한편 강도에게 네가 오늘 나와 함께 낙원에 있으리라 한 직후 낙원이 천국 안으로 이사해 지금은 천국안에 낙원이 존재한다고 주장하기도 한다. 어쨌든 낙원이라는 말이 신약성경에 눅23:43, 고후12:4, 계2:7절에 3회 사용되었는데 일반적으로 낙원은 예수 믿다가 죽은 자들이 부활하기를 기다리는 중간지대로 불린다(눅 23:43).

구약의 낙원은 에덴동산으로 이스라엘 사람들만 죽어서 가는 장소였으나, 신약의 낙원인 누가복음 23장 43절은 천국의 한 장소를 말하는 곳으로 믿는 자만 가는 곳이고, 에스겔과 계2:7절에서 말하는 낙원은 물과 성령으로 거듭난 자들(생명책 '예수 믿는자')과 인 맞은(성령 받은 자) 자들만 가는 장소인 아버지의 집인 새 예루살렘(계 22:1~2)을 상징하는 곳으로 말한다.

관용어적으로 음부는 불신자들의 영혼이 최후 심판을 받기 전까지 대기하는 장소인 '하데스'를 말하고, 낙원은 믿는 자들이 천국 또는 아버지의 집에 가기 전까지 영혼이 대기하는 대기 장소를 말하는데, 계 2:7절에서 말하는 낙원은 천국이 아닌 천국의 노른자위(천국 중의 천국인 천당)인 아버지집인 새 예루살렘을 말하는 말이다.

생명나무 과실을 먹으리라

계시록 2장 7절을 보면 "귀 있는 자는 성령이 교회들에게 하시는 말씀을 들을지어다 이기는 그에게는 내가 하나님의 낙원에 있는 생명나무의 과실을 주어 먹게 하리라." 하며 신앙의 승리자들에게 새 예루살렘에서 생명나무 과실을 먹게 하리라 했는데, 여기서 생명나무는 아담이 범죄하기 전에 거주했던 에덴동산에 있던 나무로(창 2:9,3:22) 아담은 범죄 후 에덴동산에서 쫓겨남으로써 더 이상 생명나무에 접근하지 못하게 되었다. 그런데 이 생명나무가 새 하늘과 새 땅(본 절에서는 낙원으로 말함)에 다시 언급하고 있다(계 22:2,14,19).

계시록 22장 2절을 보면 "길 가운데로 흐르더라 강 좌우에 생명나무가 있어 열두 가지 실과를 맺히되 달마다 그 실과를 맺히고 그 나무 잎사귀들은 만국을 소성하기 위하여 있더라."하며 새 하늘과 새 땅에 생명나무가 있어 매달 열두 가지 열매가 맺고, 잎사귀로 만국을 치료한다고 했는데, 사실 천당인 새 하늘과 새 땅은 영원한 세계이기에 봄, 여름, 가을, 겨울이 있어 수확하는 곳이 아니며 햇볕이 없기에 열매를 맺을 수도 없고, 또한 영원한 세계에 1년이나 12개월과 같은 달력이 있을 수 없는 곳이며, 더군다나 병든 자가 있을 수 없는 곳이다. 그런데 이렇게 생명나무가 있고, 열매가 있고, 치료가 있다고 한 것은 이는 천국의 풍성함과 질병으로 인한 육체적 고난이 없음을 말해주는 것이며, 또한 생명나무의 열매를 먹게 한다는 말은 생명나무 열매가 영생인 예수를 상징하는 것으로 그것을 먹게 한다는 것은 곧 새 하늘과 새 땅은 생명나무 열매(예수)를 먹음(믿음)으로 영생하는 곳임을 말해주는 것이다.

관용어적으로 '생명나무의 과실을 주어 먹게 하리라'는 말은 영생을 말하는 말이고, "생명나무가 있어 열두 가지 실과를 맺히되 달마다 그 실과를 맺히고 그 나무 잎사귀들은 만국을 소성하기 위하여 있더라"는 말은 새 하늘과 새 땅은 부족함이 없는 풍성한 곳이며 영원히 질병이 없는 곳임을 말하는 말이다.

서머나 교회

계시록 2장 8절을 보면 "서머나 교회의 사자에게 편지하기를 처음이요 나중이요 죽었다가 살아나신 이가 가라사대"하며 서머나 교회가 나오는데, 서머나는 에베소 북쪽 약 56km 지점에 있었고, 당시 인구가 약 20~30만 정도로 소아시아에서 가장 아름다운 항구 도시였다. '서머나'란 말 가운데 '머'(Myrrh)는 '유향'이란 뜻으로 이곳은 향료 수출지로도 유명하였다. 또한 이곳은 호머(Homer)의 출생지인데 호머는 B.C. 750년경의 유랑 시인으로 현존하는 고대 헬라어로 쓰인 가장 오래된 서사시 '일리아스'와 '오디세이아'와 및 그밖에 여러 시를 쓴 작가로 맹인이었다고 한다.

서머나는 학문, 특히 과학과 의술이 발달한 도시였다. 종교적으로는 이교 문화와 종교의 집합처로 황제 숭배의 중심지였다. 따라서 서머나는 소아시아 도시들 가운데서 지리적으로나 정치, 경제, 문화적으로 우위를 차지하고 있었으나 그로 인해 복음이 순수하게 전달되지 못하고 황제 숭배가 성행하는 등 혼합화와 박해가 뒤따른 도시였다. 한편 '서머나 교회'에 대해서는 본 서신 외에 잘 알려진 것이 없으며 다만 '폴리갑의 생애'에서 바울이 이곳에서 전도하였다고 전한다. 그리고 사도 요한의 제자이며 서머나 교회의 초대 감독이었던 폴리갑(B.C.155~166)이 이곳에서 순교하였다.

한편 "처음이요 나중이요 죽었다가 살아나신 이가 가라사대"하며 죽었다가 살아나셨다고 하고 있는데 이 '죽었다가 살아나신'에 해당하는 헬라어 '호스 에게네토(기노마이) 네크로스(죽음) 카이 에제센(자오)'은 두 부정 과거 시제가 사용된 표현으로, 예수님의 죽음과 부활이 역사적이며 단회적으로 일어났던 사건임을 나타낸다. 또한 서머나 교회는 헬라어 "스뮐라", "방부제, 몰약"에서 유래가 된 것 같이 방부제와 같이 신앙생활을 해 주님으로부터 책망 받지 않는 교회였다.

그런데 서머나 교회에 나타나신 주님의 모습이 '처음이요 나중 되신' 모습으로 나타났는데 이는 서머나 교회가 심판받는 것과 같은 고난이 있을 것을 상징하는 모습이고, 또한 '죽었다가 살아난' 모습으로 나타났는데, 이는 서머나 교회가 마치 주님이 죽었다가 살아나신 것 같은 큰 고난을 겪으신 것 같이 앞으로 큰 고난을 겪을 것을 상징적으로 말해주는 말로 실제로 서머나 교회는 큰 고난을 겪었던 교회이다.

관용어적으로 서머나 교회에 주님이 죽었다가 살아나신 모습으로 나타나신 것은 서머나 교회에 큰 고난이 있을 것을 뜻하는 말이고, 서머나라는 말은 방부제라는 뜻으로 서머나 교회는 큰 고난이 있었지만 방부제가 되어 고난을 잘 감당했다.

자칭 유대인으로부터 환난을 받은 서머나

계시록 2장 9절을 보면 "내가 네 환난과 궁핍을 아노니 실상은 네가 부요한 자니라 자칭 유대인이라 하는 자들의 훼방도 아노니 실상은 유대인이 아니요 사단의 회라."하고 있는데 여기서 '환난'이라는 말의 헬라어 '들립시스'는 '무거운 물건 밑에서 눌려 부서지는 것.압

박 받는다'라는 '들러보'에서 유래된 말로'억압, 상처 받은, 고뇌 짐진, 핍박,환난, 고통'이란 뜻을 가지고 있다. 이 들립시스는 고전 헬라어나 70인역이나 신약성경에서도'들리보'의 뜻을 가지고 있다. 그러므로 본 절에서 '들립시스'인 환난은 신앙으로 말미암아 받는 외부적 핍박을 시사한다.

또한 '궁핍'의 헬라어 "프토케이아"는 '빈곤, 가난'이라 해서 '외적 핍박으로 생긴 물질적인 빈곤'을 뜻하는 말이다. 그러므로 '들립시스'와'프토케이아'를 같이 해석하면 이는 그리스도인들이 황제 숭배를 거절함으로 당한 경제적 제재나 적대 감정을 가진 유대인이나 다른 사람으로부터 당한 경제적 어려움으로 인해 직장을 잃거나 재산을 압류당하는 등의 생활에 어려움을 당하는 것을 의미한다.

'실상은 네가 부요한 자니라'하고 있는데 서머나 도시 자체는 부요한 도시였다. 그러나 서머나 교회는 신앙의 정조를 지키기 위해 종교적, 정치적, 경제적인 온갖 핍박으로 인해 실제적으로 궁핍하였다. 그럼에도 불구하고 그리스도께서는 서머나 교회를 향해 부요하다고 인정하신다. 이것은 육신적으로는 궁핍하나 심령(내적)으로 정결하고, 영적(심령, 내적)으로는 부요함을 의미한다(눅 12:21 ; 고후 6:10 ; 딤전 6:17,18 ; 약 2:5). 이는 외적으로는 부요하나 내적, 영적으로 궁핍했던 라오디게아 교회와 정반대이다(계 3:17).

"자칭 유대인이라 하는 자들의 훼방도 아노니"하고 있는데 서머나에는 디아스프라(흩어진, 이민자) 유대인들이 일찍부터 많이 거주해 왔고 또한 A.D 70년 예루살렘 멸망 후 많은 유대인들이 밀려왔는데 그들 가운데는 서머나에서 정치적으로 유력한 위치에 오른 자들이 많아서 기독교를 박해하고 방해하였다. 예를 들면 황제 숭배를 이용하여 거짓된 말로 로마 제국을 충동해서 서머나의 감독이었던 폴리갑을 처형한 것을 볼 수 있다. 이들은 예수 그리스도를 구주로 믿지 않고 그들이 아브라함의 혈통적 자손인 것을 천국 시민권으로 오해함으로 더욱 기독교인들을 박해하였다. 실제로 초대 교회 여러 이단들과 잘못된 사상들 가운데서도 유대교가 가장 무서운 기독교 진리의 훼방자였다.

여기서 자칭 유대인이라는 말이 유대인이 아닌데 유대인 인척 하는 것을 말하는 것이 아니라 혈통적으로 아브라함의 자손이라고 주장하여 하나님의 선민임을 자랑했던 서머나의 유대인들을 말한다. 그러나 진정한 영적 유대인은 예수님을 주님으로 영접한 성도들인 진정한 유대인인 것이다(롬 2:28,29).

한편 '훼방'이라는 '블라습헤미아(βλασφημία)'는 '상스러움, 사람에 대하여 중상의, 하나님에 대하여 불경건한, 참람한, 악한 말의, 중상하는, 비난하는, 욕하는, 독설의'이라는 뜻의 '블라습헤모스'(βλάσφημος)에서 파생된 단어로 블라습헤미아의 뜻은 '특히 하나님에 대항하여 중상, 참람, 악담, 조롱, 상처를 주는 말, 불경스럽고 비난하는 말, 신적 위엄을 손상시키는 말, 신성모독'의 의미를 가지고 있다. 그리고 '블라습헤모스'는 '방해하다, 해롭게 하다, 해를 끼치다,

상하게 하다'의 뜻을 가진 '브랍토(βλάπτω)'와 '생각을 알리다, 선언하다, 말하다'의 뜻을 가진 '훼미(φημί)의 명사형인 '소문'의 뜻을 가진 '훼메(φήμη)의 합성어(+)에서 유래된 단어로 '블라슙헤모스'의 뜻은 소문을 듣고 방해하고 해를 끼치는 것을 말한다. 즉 알아보지도 않고 소문만 듣고 방해 하는 것을 훼방이라 한다.

또한 '사단의 회라(계 3:9)'라는 말은 서머나 지역의 유대인들이 회당에서 모이는 모임을 말하는데 그들의 모임을 '회(모임)'라 한 이유는 그들은 그들의 모임을 가리켜 '여호와의 총회(민 14:27,35)'라 했기 때문이다. 그러나 그들의 모임은 예수님을 대적하는 모임이기에 실상은 사단의 모임이었던 것이다. 한편 구약에서 모임이라는 히브리어에는 '카할'과 '에다'라는 말이 있는데 '카할'은 총회나 모임의 '장소'를 말하는 말이고, '에다'는 모임이나 총회로 모일때 '건물(회당)'에서 모이는 모임을 말하는 말이다. 그런데 일반적으로 '쉬나고게(모임.회)'에는 두 가지 의미가 있는데 그것은 '카할(모임.장소)'과 '에다(회당)'이다. 그런데 이 '쉬나고게'가 '카할'로 쓰이면 '에클레시아'인 교회를 말하는 것이고, 이 '쉬나고게'가 '에다'로 쓰이면 회당을 의미하는데 본절은 회당을 뜻하는 말로 쓰이고 있다.

관용어적으로 서머나 교회는 혈통적 유대인들로부터 많은 경제적, 정치적, 종교적 핍박을 받아 경제적, 종교적, 정치적으로 어려웠지만 영적으로는 부유한 자들이었다.

10일 동안 환난을 받으리라

계시록 2:10절을 보면 "네가 장차 받을 고난을 두려워 말라 볼지어다 마귀가 장차 너희 가운데서 몇 사람을 옥에 던져 시험을 받게 하리니 너희가 십 일 동안 환난을 받으리라 네가 죽도록 충성하라 그리하면 내가 생명의 면류관을 네게 주리라"하며 서머나 교회에 말하길 '네가 장차 받을 고난을 두려워 말라'고 하는데 여기서 '장차'라고 하는 것은 지금 계시록을 쓰고 있는 요한과 같은 시대가 아니라 요한이 죽고 난 후에 올 것이라는 뜻으로 이는 사도 요한의 제자 '폴리캅'의 순교를 두고 하는 말이다.

"마귀로부터 시험을 받게 하리라." 시험이라는 헬라어 단어에는 두 가지가 뜻이 있는데 '도키마조'와 '페이라조'이다. 도키마조는 일반적으로 하나님이 신앙성장을 위해 주시는 일종의 테스트적 시험을 말하고, 페이라조는 마귀가 주는 유혹으로 이는 완전히 망하게 하는데 그 목적이 있다. 그래서 '페이라조'라는 뜻이 '유혹하다.시험하다'로 되어 있다. 그런데 본 절의 시험은 '페이라조'로서 마귀가 주는 것이다.

또한 "너희가 십 일 동안 환난을 받으리라"하며 '십일 동안'이 나오는데 이 말은 헬라어로 '헤메론 데카'로 말 그대로 십일을 말한다. 그런데 혹자는 이 십 일이라는 말을 로마 열 황제의 기독교 박해로 해석하는데, 그러나 이 '십 일 동안'이라는 뜻은 셈어적으로 아주 '짧은 기간'을 나타내는 표현이다. 또한 유대인들은 환난을 말할 때 관용어적으로 표현해 삼년 반은 긴 환난을 말하는 말로 사용하였고, 3개월 반은 적당한 환난을 말하는 말로 사용하였고, 삼일 반이나 십 일은 짧은 환난을 말하는 말로 사용하였다. 그래서 다니엘서 1장 12절을 보면 다니엘과 친구들이 열흘 동안 왕의 진미를 먹지 않고 채식과 물만 먹었다고 하는데 이는 꼭 10일이라는 말이 아니라 비교적 짧은 기간을 가리키는 말이다. 또한 요나서 1장 17절을 보면 요나가 삼 일 동안 물고기 뱃속에 있었다고 하는데 이는 72시간을 말하는 것이 아니라 대략 짧은 기간을 말하는 관용어이다. 그러므로 서머나 교회가 십일동안 환난을 받는다는 말은 그 환난 기간이 길지 않음을 의미하는 말이다.

관용어적으로 십 일은 짧은 기간을 말한다.

둘째 사망인 불 못

계시록 2장 11절 "귀 있는 자는 성령이 교회들에게 하시는 말씀을 들을지어다 이기는 자는 둘째 사망의 해를 받지 아니하리라."고 하며 둘째 사망의 해를 받지 않는다고 했는데 이는 앞절에 언급된 면류관이 '스테파논 테스 조에스'라 해서 '영생하는 면류관'을 신앙의 승리자에게 주신다고 했기에 생명의 면류관을 받은 성도는 본 절에서 둘째 사망이라는 지옥불에 들어가지 않게 해주신다고 하는 것이다.

'둘째 사망'은 탈굼에서 유래한 것으로 유대인에게는 아주 친숙한 용어였다. 여기서 탈굼이란 히브리어로 번역이란 뜻으로 바벨론 포로 생활 이후 디아스포라(흩어진) 유대인들은 히브리어 대신 아람어를 사용하였는데 이들을 위해 번역된 성경을 탈굼어라 한다.

계시록 20장 14절을 보면 "사망과 음부도 불 못에 던지우니 이것은 둘째 사망 곧 불 못이라"하고 있고, 계시록 21장 8절을 보면 "그러나 두려워하는 자들과 믿지 아니하는 자들과 흉악한 자들과 살인자들과 행음자들과 술객들과 우상 숭배자들과 모든 거짓말하는 자들은 불과 유황으로 타는 못에 참여하리니 이것이 둘째 사망이라."하고 있고, 계시록 20장 6절을 보면 "이 첫째 부활에 참여하는 자들은 복이 있고 거룩하도다 둘째 사망이 그들을 다스리는 권세가 없고 도리어 그들이 하나님과 그리스도의 제사장이 되어 천 년 동안 그리스도로 더불어 왕 노릇 하리라"하며 본 절의 둘째 사망을 계시록 20장 6절과 계시록 21장 8절에는 역시 둘째 사망이라 하고 있지만 계시록 20장 14절에서는 둘째 불 못이라 하고 있다. 결국 본 절과 계시록 20장 6절과 계시록 21장 8절의 둘째 사망과 계시록 20장 14절 둘째 불 못은 같은 장소를 말하는 것이다.

이 둘째 사망이라 하는 둘째 불 못은 하나님의 백성이나 불신자들이 공통적으로 겪는 첫 번째 죽음인 육체의 죽음이 아닌 오직 불신자들만 겪는 불지옥을 말한다. 왜냐하면 본 절과 계시록 20장 6절에서 하나님의 백성은 둘째 사망이 주관할 수 없다고 하고 있기 때문이다.

"이기는 자는 둘째 사망의 해를 받지 아니하리라."하고 있는데 이는 서머나 교회 성도들처럼 순교나 예수 믿는다는 이유로 받는 환난으로부터 승리한 자들에게 둘째 사망인(둘째 부활) 백보좌 심판을 면해 주겠다는 말로 이는 본 절과 계시록 20장 6절에 나온다. 이 말은 결국 신앙의 승리자에게는 새 하늘과 새 땅에 반드시 보내 주겠다는 약속의 말씀인 것이다.

이렇게 신앙의 승리자에게 백보좌 심판을 면해 주겠다는 말 때문에 계시록 20장 12절에 죽은 자들만(첫째 부활에 참여하지 못한 믿는 자와 불신자 포함) 심판을 받는 것이지 산자들 즉 첫째 부활과 공중 재림에 참여한 자들은 심판을 받지 않는다고 하는 것이다.

관용어적으로 둘째 사망은 지옥 불을 의미한다.

버가모 교회는 오늘날 천주교를 말한다.

계시록 2장 12절을 보면 "버가모 교회의 사자에게 편지하라 좌우에 날선 검을 가지신 이가 이르시되"하며 버가모 교회가 나오는데, '버가모'는 서머나 북쪽 약 100km 되는 곳에 위치한 당시 소아시아의 수도로 주전 130년 경에 로마의 식민지가 되었다. 이곳은 에베소와 서머나가 상업적으로 아시아의 중심 역할을 한 반면에 문화적인 측면에서 아시아의 중심부 역할을 했다. 그래서 의학교가 있었으며 장서 20여만권을 소장한 도서관이 있었으며 책을 만드는 종이인 양피지의 생산지였다.

종교적으로 치료의 신으로 이해되었던'아에스쿨라피우스'라 불리는 뱀신과 주신인 '제우스'그리고 아테네 신전 지도자 '디오니소스'등을 숭배하는 우상 숭배의 본거지였다. 이 버가모 지역은 에베소나 서머나보다 먼저 황제 숭배를 위한 신전이 있었던 지역이다.

창세기 10장 8절~14절을 보면 니므롯이 구 바벨론을 세웠는데 그의 아내는 세미라미스였다. 니므롯이 사냥꾼(전쟁)이 되어 백성들을 다스리다가 정복 전쟁에 나갔다가 비극적으로 죽자 그의 아내 세미라미스가 니므롯을 이용하여 종교를 만들었는데, 그것이 바로 천주교의 모태가 되는 성모상이다. 그녀는 자기 남편 니므롯을 아들처럼 자기 품에 앉고 있는 모습을 그림으로 그렸다. 그리고 그녀는 니므롯을 구주로 자기는 구주를 낳은 성모로 만들어 바벨론 종교를 세우고 제도화시켰다.

이때 사람들이 바벨탑을 쌓자 하나님께서 사람들을 흩어지게 했는데 그때 흩어지며 이 바벨론 종교인 성모상을 가지고 버가모로 들어왔다. 당시 로마 황제는 의무적으로 바벨론 종교의 제사장이 되었다. 주후 376년 그라티안 황제가 예수를 믿고 난 후 자기는 그리스도를 믿는 사람으로 이 같은 제사 직분을 맡을 수 없다고 거부하자 당시 로마교회 감독인 디마수스 1세가 자청하여 이 제사장 직분을 맡게 되어 성모상이 공식적으로 교회에서 등장하기 시작했다. 당시 버가모 교회는 바벨론 종교와 기독교를 혼합하여 천주교가 나오기 전부터 이런 성모마리아상을 세우고 섬겼던 것이다.

역사적으로 버가모 교회는 주후 313~590년으로 타협적인 교회를 상징하는데 이는 기독교가 로마의 국교로 공인되며 영적으로 타락해 거짓 선지자를 용납해 사단의 소굴이 된 시기를 말한다.

'버가모'의 영어적 의미는 '결혼(marriage)'으로 이방종교과 결혼해 본질과 정통성이 훼손된 교회로 샤머니즘과 결혼한 교회이며 니골라당과 발람의 교훈과 결혼한 교회를 상징한다. 그런데 이 버가모 교회에 나타나신 주님은 전쟁으로 심판하는 좌우에 날선 검을 가지신 분으로 나타났다. 이 는 버가모 교회가 잘못되어도 보통 잘못된 것이 아니기에 버가모 교회를 칼로 다 죽여 심판 하시겠다는 의미이다.

관용어적으로 버가모 교회란 주님과 싸우는 교회라는 뜻을 가지고 있다.

사단의 권좌와 안디바

계시록 2장 13절을 보면 "네가 어디에 사는 것을 내가 아노니 거기는 사단의 권좌가 있는 데라 네가 내 이름을 굳게 잡아서 내 충성된 증인 안디바가 너희 가운데 곧 사단이 사는 곳에서 죽임을 당할 때에도 나를 믿는 믿음을 저버리지 아니하였도다"하며 버가모 지역은 사단의 권좌가 있는 곳에 위치해 있다고 하는데, 여기서 '권자'는 명사 '드로노스'라 해서 출처를 알 수 없는 '드라오(앉다, 놓다)'에서 유래했으며, '왕좌,보좌'를 의미한다.

고전 헬라어에서 이 단어는 자리 및 발판과 관계가 있으며, 등받이와 팔걸이와 발판을 갖추고 있는 높은 의자를 뜻하는 의미로 사용되다 장로들, 교사들이 앉는 자리에서 후에 왕이나 신들의 자리로 발전하게 된다. 70인역과 신약 성경에서는 영광의 보좌(삼상 2:8), 왕의 보좌(왕상 9:5), 여호와의 보좌(대상 29:23), 악의 보좌(시 94:20), 하나님의 보좌(사 66:1), 다윗의 보좌(눅 1:32), 영광의 보좌(마 19:28), 하나님과 어린양의 보좌(계 4:3~7), 사단과 짐승의 보좌(계 2:13)로 고전 헬라어 후기때와 같이 왕이나 신들의 자리를 말하는 말로 쓰였다.

그러므로 버가모 지역이 사단의 권좌가 있는 지역으로 이는 사단이 앉는 자리가 있는 지역이라는 말로 이는 '아에스쿨라피우스'라 불리는 뱀신과 '제우스' 신과 황제 숭배가 있는 지역이라는 말이다. 이는 앞에서 말한 것 같이 최초의 종교인 바벨론 종교의 본거지가 있는 지역으로 바벨론 종교의 권좌가 있는 지역이라는 말이다.

"네가 내 이름을 굳게 잡아서 내 충성된 증인 안디바가 너희 가운데 곧 사단이 사는 곳에서 죽임을 당할 때에도 나를 믿는 믿음을 저버리지 아니하였도다"고 했는데 여기서 '잡아서'에 해당하는 헬라어 '크라테이스'는 '크라테오(붙잡다)'의 현재 능동태 시상으로 '계속해서 굳게 잡았음'을 의미한다(계 2:13 ; 계3:11). 따라서 이것은 '안디바'가 감독으로 있을 때는 여러 가지 우상과 황제 숭배의 강요 가운데서도 그리스도를 따르는 믿음을 저버리지 않았음을 시사한다.

한편 당시 버가모 교회 감독 안디바는 성도들이 니골라당의 교훈을 받아들여 우상 숭배와 음행을 해도 한 번 구원 받은 자들은 낙오되지 않는다는 교훈을 받아들인 것에 대하여 이들을 책망한다. 그러자 니골라파를 따르던 버가모 교인들은 회개할 생각은 아니하고 오히려 로마정부에 안디바 감독을 고발하길 '안디바가 황제 예배를 반대하는 설교를 하며 가르친다'하여 고발한다. 이 일로 인해 결국 안디바는 순교를 당한다. 사실 안디바는 황제 예배에 대하여 우상 숭배이므로 절대로 황제 예배를 해서는 안 된다고 가르쳤기 때문에 변명하지 않고 순교를 한다.

터툴리안과 요세푸스와 유대전승에 의하면 안디바는 버가모 교회의 감독이었으며 '우리의 주이시며 하나님'이라 불리길 원했던 도미티안 황제 통치 때 니골라당의 교훈을 따르던 신자들에 의해 황제 숭배를 거부한다고 고발 당해 불에 벌겋게 달구어진 놋쇠 황소위에 앉히어 타죽었다. 계시록이 주후 95~96년에 기록됨으로 그의 죽음은 이미 그 이전임을 알 수 있다. 그가 순교한 후 버가모 교회는 타락했다.

관용어적으로 버가모 지역은 사단의 권좌가 실제로 있었던 지역이다.

발람의 교훈

계시록 2장 14절~15절을 보면 "그러나 네게 두어 가지 책망할 것이 있나니 거기 네게 발람의 교훈을 지키는 자들이 있도다 발람이 발락을 가르쳐 이스라엘 자손 앞에 걸림돌을 놓아 우상의 제물을 먹게 하였고 또 행음하게 하였느니라. 이와 같이 네게도 니골라 당의 교훈을 지키는 자들이 있도다"하며 버가모 교회에 발람의 교훈을 따르는 자들이 있다고 하는데, 발람은 지금으로 말하면 640km 떨어진 이라크 사람으로 민22~25장과 민31:8,16절에 등장하는 인물이다. 민수기 21장 21절을 보면 모세가 아모리 남왕국 시혼에게 편지를 보내 땅을 통과하게 해 달라 했으나 그는 아모리 북왕국 옥과 동맹해 이스라엘과 전쟁을 벌이게 된다.

결국 영토는 이스라엘이 차지하고 그들 왕은 포로로 잡아 죽인다(신1:4). 모압 왕 발락은 민수기 22장 1절 이하를 보면 모세가 모압 평지에 들어서자 이스라엘이 민21장에서 아모리 두 왕을 죽이고 땅을 차지한 사실을 알고, 혼자 대적하지 못하자 미디안 5방백(왕 또는 제사장)에게 찾아가 동맹을 맺고, 전쟁에서 힘으로는 승리할 수 없음을 알고 점쟁이인 거짓 선지자 발람에게 서신을 보내 이스라엘을 저주하기를 구하나 하나님이 반대한다.

끊임없는 요청에 그는 발락에게 가게 되나 끝내 하나님의 반대로 저주를 하지 못하고 축복을 하게 된다. 결국 민수기 24장 25절에 의하면 발락은 뜻을 이루지 못하고 둘은 헤어지고 발람은 고향 이라크로 돌아간다. 그런데 사실은 이라크로 돌아가지 않고 발람은 미디안 제사장과 함께 미디안 땅으로 가서 훗날을 도모해 이스라엘을 타락 시킨다. 이를 바알브올이라 한다.

발락과 헤어진 발람은 자기의 예언이 이스라엘에게 길함을 알고 이
스라엘 진영으로 찾아가 그 예언의 의미를 풀이해 준 뒤 발락이 보장
해 주었을 부와 명예를 모세에게 요구하나 모세에게 거절당한다. 이에
격분한 그는 이스라엘에게 보복하기 위해 십볼의 아들인 모압왕 발락
에게 찾아가 모세에게 받지 못한 돈을 받고 "이스라엘을 범죄케 하면
이스라엘이 하나님으로 부터 자동으로 버림받고 망할 것 아니냐"하며
음모를 꾸며 발람 선지자가 이스라엘 민족들 앞에 바알신당과 음녀들
과 우상의 제물들을 준비해 놓고, 이스라엘 남자들을 유혹해서 성적으
로 죄를 짓게 하고, 우상에게 절을 하게 하고, 그 음식을 먹게 하였다.
그 결과 이스라엘 남자들이 모압 여인들과 음행하고, 모압인들이 섬기
는 우상에 절을 하고, 그 음식을 먹게 되어 2만3천명의 이스라엘 남자
들이 하나님께 징벌을 받아 죽임을 당하게 된다(민 25:1~9).

이는 발람이 선지자임을 내세워 이스라엘 백성에서 하나님이 음행
을 해도 되고, 바알신상이 이스라엘을 출애굽 시킨 여호와라 가르쳤
기 때문이며 또한 우상제물을 먹어도 해가되지 않는다고 그럴듯하게
가르쳤기 때문이다. 후에 이 사건으로 미디안 족속이 거의 다 멸망을
받게 된다.(민31:1~7절) 그리고 발람 본인도 미디안 5왕과 함께 비참
한 최후를 맞이한다. 이후 발람의 교훈은 악의 교훈과 거짓 가르침의
대명사가 된다.

    그렇다면 발람의 교훈은 무엇인가? 그것은 니골라당의 교훈과 동일한 것으로 한 번 구원 받으면 어떤 죄를 지어도 구원에서 낙오되지 않고 견인된다는 영지주의를 말하는데 이렇게 발람의 교훈과 니골라당의 교훈이 같은 이유는 15절 '이와 같이'라는 말이 헬라어 부사 '후토스'인데 이 말은 3인칭 지시대명사 남성 단수 '후토스'에서 유래가 되어 '이 방법을 따라.이와 같이'로 해석되기 때문이다. 다시 말해 부사 '후토스'가 3인칭 지시대명사 '후토스'에서 유래가 되었는데, 이 3인칭 지시대명사에서 말하는 그 사람이 누구냐면 바로 발람이라는 것이다. 그러므로 발람의 교훈과 니골라당의 교훈은 같은 교훈인 것이다 (15절). 또한 '발람'의 이름과 '니골라'는 이름도 같은 '하나님의 백성을 이긴 자'란 뜻을 가지고 있다.

    "발람이 발락을 가르쳐 이스라엘 자손 앞에 걸림돌을 놓아 우상의 제물을 먹게 하였고 또 행음하게 하였느니라."하며 발람이 발락을 가르쳤다고 나오는데 여기서 가르치다라는 말이 헬라어로 '디다케'인데 이 말은 '가르치다'라는 말의 '디다스코'에서 유래가 되었다. 다시 이 말은 "배우다"라는 '다우'에서 유래가 되어 '가르침'을 의미하는 말이 되었다. 다시 말해 이 말은 발람이 발락에게 타락하게 하는 방법을 가르쳐 주어 그대로 했더니 이스라엘 백성들이 타락했다는 말이다. 그러므로 민 24:25절에서 발람이 뜻을 이루지 못하고 이라크로 돌아간 것으로 되어 있는데 사실은 돌아간 것이 아니라 이렇게 발락에게 다시 뒤 돌아가서 이스라엘을 타락하게 하는 방법을 발락에게 가르쳐 주었다는 것이다. 그런데 발락이 발람으로부터 배운 그 방법이 바로 우상의 제물을 먹게 하고 음행하게 하는 것이었다.

그러므로 오늘날 동성애에 대하여 관대한 성직자들과 또한 우상의 제물을 먹어도 된다고 가르치는 분들이 있는데 이것이 다 발람의 교훈으로 예수님과 사도 요한은 엄격히 제한하고 있다는 사실을 기억해야 할 것이다. 물론 여기서 음행이 동성애는 아니지만 그러나 음행에 동성애가 포함된다는 사실을 알아야 한다.

본 절에서 말하는 발람의 교훈이란 니골라당의 교훈을 말하는 것으로 당시 발람이 존재했다는 말이 아니라 니골라가 구약 발람에서 영향을 받아 니골라당이 나왔다는 말이다. 그래서 발람의 교훈과 니골라당의 교훈이 동일한 것이다.

관용어적으로 발람의 교훈은 곧 니골라당의 교훈으로 니골라가 구약의 발람의 영향을 받아 니골라당의 교리를 만들었다는 말이며 그 교훈은 영지주의 교훈인 한 번 구원을 받으면 죄를 지어도 견인되어 천국에 간다는 잘못된 구원론을 말한다.

만나를 주어 먹게 하리라

계시록 2장 17절을 보면 "귀 있는 자는 성령이 교회들에게 하시는 말씀을 들을지어다 이기는 그에게는 내가 감추었던 만나를 주고 또 흰 돌을 줄 터인데 그 돌 위에 새 이름을 기록한 것이 있나니 받는 자 밖에는 그 이름을 알 사람이 없느니라."하며 이기는 성도들에게 감추었던 만나를 주신다고 하고 있는데 여기서 만나는 헬라어로 '만나'로 이는 출16:32절 이후에 처음 등장하는 것으로 이스라엘 사람들이 출애굽을 한지 두달 보름만에 신 광야에서 먹었던 양식(쌀,빵과 같은 것)으로 그 뜻은 '이것이 무엇이냐(출 16:32)'라는 히브리어 '만 후'라는 말을 70인역 헬라어 "만"을 '만나'라고 번역하면서 만나라는 명칭이 유래하게 되었다.

이 만나를 시편 105편 40절에서는 '하늘의 양식'으로 말하고, 시 78:25의 경우는 이것을 '권세 있는 자(천사)의 떡'으로 말하고 있고, 요 6:49~51절을 보면 예수님 당신을 말씀하시고 있다. 그런데 요6장에서는 예수님 당신의 육신을 말하면서 이를 먹으면 영생한다고 하고 있다. 그러므로 만나는 관용어적으로 영원한 생명인 헬라어 '조에'인 영생을 말한다. 예수님이 영생하기에 그를 먹으면(믿으면) 그의 속성을 먹는 것이기에 우리도 영생을 하는 것이다.

'감추었던 만나를 주고'하고 있다고 이 말의 헬라어는 '만나 투 케크뤼프메누(크뤼프토=감추다,비밀)'로 그 뜻은 '감추었던 만나'로 실제로 감추어진 만나를 말하는 말로 이는 유대인들의 전설을 반영한 말이다. 유대인들은 천국과 천당의 음식인 만나 항아리가 들어 있는 언약궤가 바벨론 멸망 전 천사 혹은 예레미야에 의해 숨겨진 후 지금까지 그 행방이 묘연해 찾을 수 없는데 장차 메시야가 오시면 그 언약궤가 다시 공개 된다는 전설을 믿고 있었는데 그것을 지금 반영하고 있는 것이다(마카비하 2:4~6 ; 바룩 29:8). 즉 '감추었던 만나'를 준다는 말은 물(예수)과 성령으로 거듭나고 신앙의 승리자가 된 본장 13절의 안디바와 같이 되면 출애굽 때 먹었던 천당의 음식인 만나를 다시 먹게 하겠다는 말로 이는 천당에서 주님과 함께 영원히 영생하게 하겠다는 뜻이다.

관용어적으로 감추었던 만나는 하늘에서 내려왔던 천당의 음식으로 본장 7절의 생명나무 열매와 함께 신앙의 승리자에게 주어지는 복으로 천당에 들어가서 영생하는 영생을 말하는 말이다.

흰 돌에 얽힌 여러 가지 사연들

계시록 2장 17절을 보면 "귀 있는 자는 성령이 교회들에게 하시는 말씀을 들을지어다 이기는 그에게는 내가 감추었던 만나를 주고 또 흰 돌을 줄 터인데 그 돌 위에 새 이름을 기록한 것이 있나니 받는 자 밖에는 그 이름을 알 사람이 없느니라."하며 예수님이 버가모 교회에서 흰 돌을 주시겠다고 약속하셨다. 이 흰 돌이 무엇인지에 관해서는 의견들이 상당히 분분하지만 이는 고대 풍습을 반영한 것이다.

먼저 흰 돌이 고대 세계에서 대중 축제의 입장권으로 사용되었다고 보는 입장이다. 또 고대 사람들은 이 흰 돌에 소유자의 이름을 기록했다고 한다. 이런 주장을 하는 사람들은 흰 돌이 축제에 입장권으로 사용된 것처럼 승리한 그리스도인에게는 주님의 혼인 잔치에 참여할 수 있는 입장권 즉 잔치에 출입할 수 있는 사람의 이름이 기록된 흰 돌이 주어진다고 믿는다.

그리고 이들과 달리 흰 돌이 팔레스타인 지역의 재미있는 풍습을 반영한 것으로 설명하는 사람들도 있다. 즉 그 지역에서는 자신의 부족이나 타 부족의 여자를 건드리게 되면 사형에 처했다고 한다. 그렇지만 피해를 입은 쪽에서 손해배상을 받아들이면 죄수는 방면된다. 이렇게 해서 방면된 죄수는 언제나 흰 천막에 살고, 흰 낙타를 타고, 또 천막 앞에 흰 돌을 가져다 두어야만 했다는 것이다. 이처럼 팔레스타인 지역의 일부 풍습을 추종하는 사람들은 계시록에 등장하는 흰 돌이 바로 용서 받았음을 알리는 표시로 받아들인다.

이와 같은 설명 이외에도 유대 지역에서는 흰 돌이 의학적인 목적이나 부적과 같은 힘이 있는 것으로 사용되거나 아니면 검은 돌과 함께 이교신을 기념하는 축제의 입장권 구실을 했다고 주장하는 사람들도 있다. 뿐만 아니라 흰 돌을 사법적인 측면에서 접근하는 사람들도 있다. 고대의 법정에서는 그리스의 패각 정치처럼 검은 돌과 흰 돌이 사용되었다고 한다. 재판장은 유죄로 입증된 사람에게는 검은 돌을, 그리고 무죄로 확정된 사람에게는 흰 돌을 제시했다고 한다.

관용어적으로 흰 돌은 공중 재림의 입장권이며 예수님의 소유자라는 이름이 새겨져 있었다.

흰 돌과 흰 돌에 새겨진 새 이름

계시록 2장 17절을 보면 "귀 있는 자는 성령이 교회들에게 하시는 말씀을 들을지어다 이기는 그에게는 내가 감추었던 만나를 주고 또 흰 돌을 줄 터인데 그 돌 위에 새 이름을 기록한 것이 있나니 받는 자 밖에는 그 이름을 알 사람이 없느니라."하며 신앙의 승리자인 버가모 교회 성도들에게 두 번째 상급으로 새 이름이 기록된 흰 돌을 줄 것임을 말하고 있는데, 여기서 '흰'것과 '새'것은 장차 천당에서 우리가 맞이하게 될 새 하늘과 새 땅의 모습을 상징하는 관용어이다.

학자들은 '흰 돌'을 당시 재판정에서 배심원들이 무죄의 표시로 들었던 것을 상징하는 것으로 보기도 하고, 또한 대제사장이 흉패에 넣고 다니던 우림과 둠밈으로 보기도 하나 이것은 고대 운동 경기에서 우승자에게 자신의 이름을 새겨 수여하던 트로피(우승컵)인 흰 돌을 말한다. 지금도 우승자에게 트로피를 수여할 때 우승자의 이름을 새겨 주는 것 같이 말이다. 실제로 로마시대에는 석조 트로피가 있었는데 아우구스투스가 BC 6년에 라튀르비(프랑스 니스 근처)에 세운 것과 트라야누스 황제가 109년경 루마니아 동부의 아담클리시에 세운 것이 지금도 기념물로 있다고 한다.

"새 이름을 기록한 것이 있나니"하며 돌에 우승자의 이름이 트로피에 기록이 되었는데 본 절에서는 새 이름이 기록되었다고 한다. 그렇다면 새 이름이란 누구의 이름인가? 예수님 당시 도장이 발견 되었는데 그 도장엔 "왕의 종", "ㅇㅇㅇ의 청지기", 'ㅇㅇㅇ의 딸', 'ㅇㅇㅇ의 아내'라는 글자가 새겨졌다고 한다. 본 절에 새 이름이 새겨졌다는 말은 아마 '예수의 아내 오흥복' 또는 "예수"라는 이름이 새겨져 있지 않았을까 한다.

"받은 자 밖에는 그 이름을 알 사람이 없느니라"하고 있는데 고대 히브리 사회에서는 누군가에게 이름을 지어주는 것은 그에 대한 소유권이나 종주권을 나타내는 행위였다. 그래서 하나님이 아담에게 피조물의 이름을 짓도록 위임한 것은 피조물에 대한 소유권이 아담에게 있음을 시사하는 말로 이는 만물보다 뛰어난 인간의 우월성(시 8:6)을 하나님이 인정해 주셨다는 의미이다. 다시 말해 하나님이 새 이름을 우리에게 지어 주셨다는 말은 그는 곧 주님의 사람인 '주님의 신부'가 비로소 되었다는 것을 인정해 주는 의미인 것이다. 이는 마치 구원을 받아 본 사람이 구원의 기쁨을 알듯이 흰 돌에 "예수의 신부 오흥복"이란 이름이 새겨진 돌을 받아 본 자만 그 기쁨을 알 수 있는 것이다.

관용어적으로 "흰 돌을 줄 터인데 그 돌 위에 새 이름을 기록한 것이 있나니 받는 자 밖에는 그 이름을 알 사람이 없느니라"라는 말은 "예수의 신부 ㅇㅇㅇ"라는 이름이 새겨진 흰 돌을 받은 자는 새 하늘과 새 땅이라는 천당에서 영원이 사는 기쁨이 있을 것이라는 말이다.

두아디라 교회

계시록 2장 18절을 보면 "두아디라 교회의 사자에게 편지하라 그 눈이 불꽃같고 그 발이 빛난 주석과 같은 하나님의 아들이 이르시되" 하며 두아디라 교회가 나오는데, 두아디라 교회는 버가모에서 동남쪽으로 64km 떨어진 곳에 위치한 공업도시였다. 옛 이름은 '펠로피아' 혹은 '유힙피아'이며, 현재는 '아킷살'로 불리운다. 알렉산더 대왕에 의해 정복당한 후 그리스 문명을 받아들였으나 B.C. 190년경에 로마의 식민지가 되었다. 빌립보에서 개종한 자주 장사 루디아(행 16:14)가 이곳 출신이었듯이 이 도시는 염색공업으로 유명한 곳이었고 노동조합이 발달해 조합원들이 자주 모여 친목을 도모했는데 식탁에는 으레 우상 신상에 바쳐졌던 제물이 올라왔으며, 식사 이후에는 부정한 성행위가 동반 되었는데 이를 거역하면 조합원으로서의 권리에 제약을 받고 불이익을 당했다고 한다.

또한 이 도시에는 태양신 '아폴로'와 '아데미', '삼바다'등의 신전이 있었으며 그 중에 아폴로 신을 열심히 섬겼다. 그리고 또 하나 특이할 만한 것은 이교 신전에서 종교 의식 중 성행위를 하는 음행이 성행했었다고 한다.

두아디라 교회는 역사적으로 주후 590~1517년의 부정한 중세 암흑교회를 상징하며 이세벨과 니골라와 발람의 교훈을 다 받아들인 교회로 예수 믿고 우상 숭배와 제물을 먹어도 구원을 받는다고 주장했던 교회인데 두아디라의 영어적 의미는 '미사(mass)'즉 제사를 의미한다. 천주교의 예배를 미사라 하는데 천주교의 예배는 예배가 아닌 제사를 드리는 행위인 것이다. 그런데 이런 두아디라 교회에 나타나신 주님의 모습을 보면"그 눈이 불꽃 같고 발이 빛난 주석 같은 하나님의 아들이 이르시되"하며 주님이 불꽃 같은 눈으로 나타나셨다고 하는데 이는 잘 못된 길로 가실 때 주님께서'오이다(직관, 꿰뚫어 보는 눈)'의 보시는 것을 말하는 말로 두아디라 교회에 이런 눈으로 나타나셨다는 것은 두아디라 교회가 잘 못된 길을 가도 보통 잘 못된 길로 가는 것이 아니라는 뜻이며, 주석은 구리발을 말하는데 이런 모습으로 두아디라 교회에 나타나셨다는 것은 두아디라 교회를 주석으로 밟아 뭉개버리 듯이 심판 하시겠다는 뜻이다.

관용어적으로 두아디라 교회는 예배를 드리지 않고 미사인 제사만 드리는 종교의식만 행한 교회를 말한다.

믿음보다 행위를 강조한 교회

계시록 2장 19절을 보면 "내가 네 사업과 사랑과 믿음과 섬김과 인내를 아노니 네 나중 행위가 처음 것보다 많도다."하며 두아디라 교회를 향해 주님이 지금 칭찬하시고 계시는 것 같지만 사실은 칭찬이 아니다. 왜냐하면 기독교 신앙은 언제나 믿음을 기반으로 해서 사랑과 섬김과 인내를 해야 하는데 두아디라 교회는 믿음보다 사업과 사랑이 먼저 행하여 졌다.

여기서 사랑은 에베소 교회에 부족했던 첫사랑인 사도행전의 통용의 덕을 뜻하는 말로 두아디라 교회는 이 통용의 덕을 행했다는 말이다. 그런데 두아디라 교회의 문제는 예수 없이 이 통행의 덕만 행했다는데 그 문제의 심각성이 더 했던 것이다. 이렇게 예수 없이 통용의 덕이 행하여지는 것을 가리켜 박애정신이라 하는데 박애정신이란 종교와 믿음을 뛰어넘어 모든 인류를 사랑하는 정신을 말한다. 그런데 두아디라 교회가 바로 그런 박애정신으로 통용의 덕을 행했다는 것이다.

버가모 교회가 천주교 형상 숭배를 최초로 한 교회라면 두아디라 교회는 천주교 구원을 다루는 교회였다. 천주교의 구원론이 예수 없이도 선을 행하면 구원을 받는다고 하는데 바로 두아디라 교회가 그렇다. 예수 없이도 선(사랑)을 향하면 구원을 받는 다는 이세벨의 교훈을 받아들여 이웃 사랑을 행했던 교회가 두아디라 교회였던 것이다.

또한 본 절에 보면 "엘곤"이라 해서 주님을 위해서 한 일을 '사업'이라고 표현했는데 이로보아 두아디라 교회는 믿음으로 구원받는 다는 이신칭의를 받아들이지 않고 행위로 구원 받는다는 이신행위를 받아들임으로 구원을 받기 위해 사업을 하듯이, 노동을 하듯이, 일을 하듯이, 사랑과 섬김과 인내를 행했던 것이다. 이런 두아디라 교회가 책망을 받은 것은 어쩌면 당연한 결과였을 것이다.

본 절의 사업이라는 동사 엘곤은 폐어(지금은 사용하지 않는 말)'엘고(일하다)'에서 유래했으며, '일,행위' work를 의미한다. 호머로부터(주전500년대 시인) 자주 나오는 이 단어들은 행동이나 적극적인 열심을 나타낸다. 고전 헬라어에서 이 단어는 여러 가지 재료들을 가지고 일하는 온갖 종류의 일들, 건축, 그리고 기술적이고 문화적인 활동과 관련하여 나오는데 한마디로 '일'을 말한다. 70인역본에서 이 단어는 도덕적, 종교적 영역에서 '행위, 행실'로 쓰였고(욥34:21,잠16:5등), 신약성경에서 이 단어는 고전 헬라어의 뜻인 '일'로 사용되고 있다.

또한 본 절 '섬김'이라는 말의 명사 '디아코니아'는 디아코노스 (διάκονος1249)에서 유래 되어 '관리, 집사, 봉사, 섬김, 구원'이라는 뜻을 가지고 있는데 이 디아코노스는 또 '디아코(심부름을 가다)'에서 유래되어 '식탁이나 다른 천한 일에 시중드는 사람인 종'을 의미하는 말에서 왔다. 그런데 이 디아코니아를 행하는(담당하는) 사람을 '디아코노스'라 해서 '종, 섬기는 자, 봉사자'라 한다. 또한 디아코니아는 '시중들다,봉사하다'라는 의미를 가진 디아코네인(διακονείν)이라는 동사에서 온 말로 디아코네오(διακονέω), 디아코노스(διάκονος)와 함께 '디아코(διακο심부름을 가다)' 어군에 속한 단어로서 '봉사, 구제, 혹은 섬기는 일'을 의미한다.

관용어적으로 두아디라 교회는 구원론이 잘못된 교회로 어떤 죄를 지어도 선을 행하고 미사인 제사만 잘 드리면 구원 받는다는 행위 구원을 믿었던 교회이다.

이세벨은 누구인가?

계시록 2장 20절을 보면 "그러나 네게 책망할 일이 있노라 자칭 선지자라 하는 여자 이세벨을 네가 용납함이니 그가 내 종들을 가르쳐 꾀어 행음하게 하고 우상의 제물을 먹게 하는도다"하며 이세벨이 나오는데 이세벨은 구약의 악녀중 대표적인 여인으로(왕 상16:31 ; 왕하 9:7) 시돈왕의 딸로 북이스라엘 7대왕 아합의 왕비로 바알 신을 이스라엘에게 끌어들여 우상을 숭배하도록 유혹하였고, 많은 바알 선지자들을 세워 이스라엘을 타락시킨 음녀로 선지자 엘리야와 대결하기도 했다. 한마디로 그녀는 인간이 이 정도까지도 악해질 수 있다는 하나의 표본이었다.

당시 국제 정세는 북쪽으로는 아람군대가 포진해 있었고, 남쪽으로 유다가 포진해 있어 아합은 샌드위치 신세가 되자 부국강병을 위해 당시 앗수르와 맞수인 시돈과 동맹을 맺기 위해 이세벨과 정략결혼을 한다. 당시 이세벨의 아버지인 '이도발'은 제사장이었는데 두로와 시돈왕인 벨레스를 죽이고, 제사장 겸 왕이 되어 32년간 통치한다. 그 결과 아합왕때 이스라엘은 전쟁만 하면 승리하게 된다. 그런데 이런 와중에 아합은 우유부단해 아내 이세벨이 요구에 울며 겨자 먹기식으로 다 들어주게 되어 결국 우상 숭배에 빠지게 되고 그도 아람과의 전쟁에서 죽게 된다.

본문의 이세벨을 알렉산드리아 사본에서는 '너의 아내 이세벨'하며 이세벨 앞에 '너의(수)'가 있어 당시 두아디라 교회 교역자의 아내라 되어 있다. 학자들은 이런 알렉산드리 사본을 일축(거절)하는데 그러나 당시 소아시아 7교회에 편지를 쓸 때 니골라가 존재했던 인물임으로 본 절의 이세벨 역시 상징적인 존재가 아닌 실제로 존재했던 인물임에 틀림없다. 그런데 그녀가 니골라의 주장을 받아들여 결국 두아디라 교회에 니골라의 교훈을 퍼뜨렸던 것이다. 왜냐하면 니골라와 발람은 헬라어 유래상 "백성을 이긴 자"라는 같은 뜻을 가지고 있기 때문이다. 그러므로 발람의 교훈은 곧 니골라의 교훈을 말하는 말로 니골라파는 당시 구약의 발람이 주장했던 대로 음행과 우상의 제물을 먹어도 된다고 가르쳤다. 이 주장을 니골라가 그대로 주장했고 이세벨의 역시 그 주장을 받아들여 그와 똑같은 주장을 했던 것이다. 그러므로 이세벨은 당시 니골라 파의 주장을 받아 들여 두아디라 교회에 그 교훈을 퍼뜨리고 성도들과 음행을 했던 것이다.

자칭 선지자라 했는데 고대 근동에서는 관용어적으로 그 남편이나 부친의 품위를 따라 여자에게도 그와 비슷한 칭호를 붙였기 때문에 남편이 두아디라 교회 목회자인 선지자이었기에 아내에게도 그와 비슷한 칭호를 붙여져 선지자라 했던 것이다. 그러므로 정식 선지자가 아니기에 자칭 선지자라 한 것이다.

관용어적으로 자칭 선지자 이세벨은 두아디라 교회 목회자의 아내로 니골라의 주장을 받아 들여 교회에서 성도들에게 음행과 우상의 제물을 먹게 했는데 이는 구약 이세벨과 똑같은 일을 했던 것이다. 그래서 그녀를 구약 이세벨과 같다 해서 이세벨이라 불렀던 것이다.

음행을 회개할 기회를 주시는 하나님

계시록 2장 21절을 보면 "또 내가 그에게 회개할 기회를 주었으되 자기의 음행을 회개하고자 하지 아니하는도다"하고 있는데 여기서 음행이라는 '폴네이아'는 '폴네(창녀, 매춘부)'에서 유래되어 "음탕함, 음행, 매음, 우상 숭배"이란 뜻을 가지고 있는데 '포르노'라는 말도 이 '폴네'에서 유래가 되었다. 음행에는 두 가지 뜻이 있는데 하나는 간음이라는 모이큐오(3431=간통, 간음)와 폴네이아가 있는데 간음은 혼외 성교를 말하는 말로 우리나라 식으로 하면 외도적 개념이지만 폴네이아는 간음 정도가 아닌 매음을 의미하는 말로 여기서 매음이란 근친상간을 포함하는 매춘행위와 우상 숭배를 말하는 말이다. 그러므로 본절에서 음행(폴네이아)을 행했다는 말은 단순히 모이큐오인 외도한 것을 말하는 말이 아니라 더 나쁜 성행위인 근친상간과 매춘행위와 우상 숭배를 했다는 것을 말해주는 말이다. 그런데 여기서 '내가 그에게'할 때 '그'는 20절의 두아디라 교인들을 말하는 말이기도 하지만 실제적으로는 이세벨을 말하는 말이다. 또한 모이큐오는 모이코스(3432) '정을 통한 자'에서 유래가 되었다.

또한 "기회를 주었으되"라는 말은 헬라어 '에도카'는 '디도미(주다)'에서 유래된 말로 이는 과거로부터 현재까지의 동작의 연속을 나타내 주는 부정과거형이고, '아니하는도다'라는 '우 델레이'는 "델로(뜻하다. 결정하다)"라는 말에서 왔는데 이는 지금 현재까지 계속되는 동작을 나타내는 현재형이다. 따라서 이와 같은 시제의 차이를 통해 알 수 있는 것은 하나님께서는 두아디라 교회 성도들에게 회개할 기회를 과거로부터 지금 현재까지 계속 주셨는데 아직까지 회개하기를 결정하지 않고 있다는 말이다.

그런데 여기서 '기회를'할 때 기회라는 말이 헬라어 '크로노스'인데 이는 사람의 시간을 말하는 말로 하나님께서는 두아디라 교회 성도들 포함 우리 모두에게 회개의 기회를 주시되 죽은 후에도 주는 것이 아니라 육체가 살아 있는 동안 즉 사람의 시간 안에서만 기회를 주신다는 것이다. 그러므로 회개의 기회가 주어진 살아 있을 때 우리는 회개해야 하는 것이다.

관용어적으로 이세벨은 우상 숭배와 매음하는 여인을 말하는 말이며 동시에 두아디라 교회를 말하는 말로 두아디라 교회는 이세벨과 매음했던 교회였고 또한 이세벨의 교훈을 받아들여 우상상배도 했던 교회였다. 그런데 하나님은 이세벨과 두아디라 교회에 회개할 기회를 과거로부터 지금 현재까지 주고 계신다는 뜻이다.

침상에 던져진다는 말

계시록 2장 22절을 보면 "볼지어다 내가 그를 침상에 던질 터이요 또 그와 더불어 간음하는 자들도 만일 그의 행위를 회개하지 아니하면 큰 환난 가운데에 던지고"하며 "내가 그를 침상에 던질 터이요"하고 있는데 여기서 '그를' 할 때 "그"는 21절과 같이 이세벨을 말하는 말이다. 이렇게 이세벨이 침상에 던져진 이유가 21절을 보면 음행의 결과로 나온다. 음행에는 두 가지 뜻이 있는데 하나는 간음이라는 모이큐오(3431=간통.간음)와 폴네이아가 있는데 모이큐오 간음은 혼외 성교인 간통을 말하는 말이고 폴네이아는 간음정도가 아닌 나쁜 성행위인 근친상간과 매춘행위와 우상 숭배를 말하는 말인데 본 절은 폴네이아의 음행을 말하는 말로 그 결과 이세벨은 침상에 던져질 것이라는 말이다. 그런데 여기서 침상이란 말은 '잠자는 침상,잔치용 상,환자용 침상'이라는 헬라어 '클리넨'인데 이 클리넨은 '침대.병상침대.식탁'이라는 뜻의'클리네'에서 유래 되었고, 이 클리네는 또 다시 '클리온'이라는'기울다. 경사지다'라는 말에서 유래가 되었다.

당시 소아시아에서 발견된 비문들에 의하면 음행(잘못된 성행위)으로 인해 신의 벌을 받아 질병에 걸린 사례들이 실제로 기록되고 있다. 그러므로 이 기록에 의하면 여기서 침상인'클리넨'은 잠자는 침상을 의미하는 말이 아닌'환자용 침상'을 의미하는 말로 음행의 결과 병에 걸려 병상에 누운 것을 의미하는 말이다. 그러므로 본문에서 이세벨이 침상에 던진다는 말은 두 가지 죄를 통해 온 질병을 말하는 말로 하나는 우상 숭배와 다른 하나는 난잡한 성행위로 온 질병을 말하는 말이다. 본 절은 결과적으로 이세벨이 이 두 가지 죄를 회개하지 않으면 끝내 죽음에 이르게 될 것이라는 말이다.

"그와 더불어 간음하는 자들도 만일 그의 행위를 회개하지 아니하면 큰 환난 가운데에 던지고"하고 있는데 그런데 문제는 전반절에서는 이세벨만 환자용 침상에 던져지는 질병에 걸려 결국 죽을 것이라 하고 있는데 하반절은 "그와 더불어 간음하는 자들도 만일 그의 행위를 회개하지 아니하면 큰 환난 가운데에 던지고"함으로 이는 두아디라 교회 성도들 중에서도 이세벨과 같이 간통하고, 우상 숭배하고, 우상에게 드려졌던 제물을 먹은 성도들도 역시 회개하지 않으면 이세벨과 똑 같이 환자용 침대에 던져져 결국 그 병으로 죽게 될 것이라 말하고 있는 것이다. 그런데 여기서 간음이라는 말이 정을 통한 것을 말하는 '모이큐오', '간통'로 되어있다. 또한 큰 환난에 던져진다는 말이 공중 재림에 참여하지 못하고 대 환난을 통과 한다는 말도 되지만 본 절에서는 이세벨과 같은 처지가 되는 질병에 걸려 침상에 던져지는 것을 뜻하는 말이다.

관용어적으로 "내가 그를 침상에 던질 터이요 또 그와 더불어 간음하는 자들도 만일 그의 행위를 회개하지 아니하면 큰 환난 가운데에 던지고"라는 말은 이세벨이 만약 매음한 것과 우상 숭배한 것을 회개하지 않으면 질병에 걸려 침상에 던져지는 것 같이 이세벨과 같이 간음하고 우상 숭배한 성도들도 회개하지 않으면 역시 똑 같이 질병에 걸려 침상에 던져져 결국 죽는 다는 말이다.

사람의 마음과 뜻을 꿰뚫어 보시는 주님

계시록 2장 23절을 보면 "또 내가 사망으로 그의 자녀를 죽이리니 모든 교회가 나는 사람의 뜻과 마음을 살피는 자인 줄 알지라 내가 너희 각 사람의 행위대로 갚아 주리라"하며 '내가 사망으로 그의 자녀를 죽이리니'하고 있는데 여기서 '그의 자녀'는 실제적 의미는 이세벨과 간음해서 낳은 이세벨의 자녀를 말하는 말인데 영적으로 하면 이세벨의 교훈을 받아들인 영적인 이세벨의 자녀를 말하기도 한다. 이렇게 이세벨에게 회개의 기회를 주었지만 회개하지 않으면 본인도 질병에 걸려 후에 죽게 될 뿐만 아니라 그녀의 자녀도 결국 죽게 될 것이라는 말인데 이는 또한 이세벨의 교훈을 받아들인 자들도 최후의 심판 때 영혼이 죽는 지옥에 가게 될 것이라는 말이기도 하다.

또한 '모든 교회'라는 '파사이 하이 엑클레시아'라 함으로 계시록의 대상이 단지 소아시아의 7개 교회와 두아디라 교회만 의미하는 것이 아니라 전 세계 교회가 수신자라는 것을 알 수 있다.

"나는 사람의 뜻과 마음을 살피는 자인 줄 알지라"하며 주님은 사람의 뜻과 마음을 살피는 분이시라 하는데 유대인들은 감정과 의지의 중심기관을 마음으로 보았는데, 그 마음을 신장(네프로스 '콩팥, 마음, 신장')으로 보았고, 헬라인들은 심장(카르디아 '마음, 심장')으로 보았다. 유대인들에게 있어 마음이란 헬라인들과 같이 '카르디아'해서'심장'만 말하는 것이 아니라 히브리인들에게 있어서 마음은 '콩밭'을 말하기도 하고 '배'를 말하기도 하고,'가슴'을 말하기도 하고, '창자'를 말하기도 하고, '자궁'을 말하기도 하기 때문이다. 유대인들이 이렇게 마음을 다양하게 표현한 것은 그들은 동정이 우러나오는 마음을'내부에 있는 내장'으로부터 우러나온다고 보았기 때문이다. 우리나라 격언에 '사촌이 땅을 사면 배가 아프다'라고 했는데 이는 마음이 아프다는 말로 받아 들일수도 있겠지만 실제로 배가 아플 수도 있는 것이다. 이렇게 유대인들은 마음이 아픔에 대하여 내장이 뒤틀리도록 아픈 것으로 표현했던 것이다. 관용어적으로 유대인들에게 있어 마음은 오장육부를 말하지만 헬라인들에게 있어서는 심장을 의미했다. 그런데 이렇게 하나님은 마음과 뜻을 살피신다고 하며 카르디아와 네프로스로 말씀 하신 이유는 모든 교회와 같이 계시록의 대상이 이방인인 헬라인이나 유대인 할 것 없이 전 세계 성도가 대상이라는 것을 다시 한 번 말하고 있는 것이다.

참고로 말씀 드리면 여성형 명사 '카르디아'는 로마어(라틴어) '칼', '마음'에서 유래가 되었다. 남성형 명사 '네프로스'는 고대 헬라어에서 '신장, 콩팥, 허리'로 쓰였는데 이 말이 70인역에서 히브리어 '켈라요트', '영혼의 내적 생각, 감정, 의도'라는 말을 만나면서 '마음'이라는 뜻을 가지게 되었다.

또한 '살피는'이라는 말의 헬라어 '에류나오'는 조사의 개념으로 '찾다, 조사하다, 살피다, 검사하다, 탐색하다, 수색하다'라는 뜻인데 이는 '에레오', '조사'라는 개념의 뜻에서 유래가 된 것으로 고전2:10절에서는 통달로 되어 있는데, 이는 '꿰뚫어'보는 것을 말하는 말로 '오이다(직관)'로 꿰뚫어 보아서 살피는 것을 말한다.

또한 '내가 너희 각 사람의 행위대로 갚아 주리라'라 하고 있는데,

이는 갈라디아서 6장 7절 말씀인 '스스로 속이지 말라 하나님은 만홀히 여김을 받지 아니하시나니 사람이 무엇으로 심든지 그대로 거두리라'하며 심은대로 거둔다는 말과 같은 뜻이다.

관용어적으로 "또 내가 사망으로 그의 자녀를 죽이리니 모든 교회가 나는 사람의 뜻과 마음을 살피는 자인 줄 알지라 내가 너희 각 사람의 행위대로 갚아 주리라"라는 말은 이세벨과 간음한 사람의 자녀이며 동시에 이세벨의 자녀를 이세벨과 그녀와 같이 간음한 성도들이 회개하지 않으면 죽일 것이며 또한 하나님은 오이다의 눈으로 사람의 마음과 뜻을 꿰뚫어 보시는 분이시기에 행한 대로 반드시 갚아 주신다는 말이다.

사단의 깊은 것

계시록 2장 24절~25절을 보면 "두아디라에 남아 있어 이 교훈을 받지 아니하고 소위 사단의 깊은 것을 알지 못하는 너희에게 말하노니 다른 짐으로 너희에게 지울 것은 없노라. 다만 너희에게 있는 것을 내가 올 때까지 굳게 잡으라"하며 사단의 깊은 것이 나오는데 이는 영지주의 자들의 주장을 비꼬기 위한 말씀으로 영지주의 자들은 이원론을 주장하며 자기들은 하나님에 대한 신비한 지식(깊은.심오한)을 가지고 있기에 어떤 육적인 죄를 저질러도 구원 받는데 지장이 없다고 하며 성도들을 미혹하고 타락 시켰는데 하나님은 지금 '그 깊은 지식'이 하나님에 대한 깊은 지식이 아니라 '사단에 대한 깊은 지식'이라 말씀하고 있는 것이다.

이 사단 대한 깊은 지식이 니골라당과 발람과 이세벨의 교훈인 것이다. 그런데 여기서 깊은 것이라는 말이 헬라어로 "바도스"라 해서 '신비, 깊이, 정도' 라는 뜻을 가지고 있는데 이는 '신비'를 말한다.'바도스'는 '심오한'이란 뜻을 가진 '바뒤스'에서 유래가 되었다. 그런데 두아디라 교회 성도들을 이세벨이 유혹할 때 실제적으로 성경구절을 가지고 유혹 하며 타락 시켰는데 그것은 롬5:20절이다.

로마서 5장 20절을 보면 "율법이 가입한 것은 범죄를 더하게 하려 함이라 그러나 죄가 더한 곳에 은혜가 더욱 넘쳤나니"하는 말씀을 이용하여 죄를 실제로 체험함으로 은혜를 더욱 값지게 느낄 수 있다고 이세벨이 유혹했는데 두아디라 성도들은 이 거짓 된 교훈을 그대로 받아 들였던 것이다.

또한 "다른 짐으로 너희에게 지울 것은 없노라"하고 있는데 혹자는 이 말을 행15장에 나타난 음행이나 우상의 제물과 피와 목메어 죽인 것에 관한 예루살렘 회의의 결정 이외의 것으로 보기도 하지만 이는 이세벨이 가르친 교훈 외에 것을 말하는 말이다. 왜냐하면 25절을 보면 "다만 너희에게 있는 것을 내가 올 때까지 굳게 잡으라"하며 '지금 너희에게 있는 것"이라 말하기 때문이다. 그러므로 이는 이세벨이 가르친 교훈과 반대로 살기만 하면 된다는 말이다.

한편 '내가 올 때까지 굳게 잡으라'하며 '굳게 잡으라' 하고 있는데 이에 해당하는 헬라어 '크라테사테'는 단순 과거 명령형으로 '단번에 진리를 굳게 붙잡고 변치 말아야 함'을 의미하는 말이다. 그런데 이는 '크라테오', '단단히 붙잡다.취하다'라는 말에서 왔다. 또한 '내가 올때가지라'는 말은 재림을 의미하는 말이다.

관용어적으로 "두아디라에 남아 있어 이 교훈을 받지 아니하고 소위 사단의 깊은 것을 알지 못하는 너희에게 말하노니 다른 짐으로 너희에게 지울 것은 없노라, 다만 너희에게 있는 것을 내가 올 때까지 굳게 잡으라"라는 말은 이세벨의 교훈을 따르지 않는 나머지 교인들은 신실한 성도들이기에 지금처럼 믿음과 소망과 사랑과 섬김을 행하며 내가 올때까지 인내하며 이 믿음과 소망과 사랑과 섬김과 인내를 꼭 붙잡고 있으면 공중 재림에 참여 하게 될 것이라는 말이다.

만국을 다스리는 권세

계시록 2장 26절~27절을 보면 "이기는 자와 끝까지 내 일을 지키는 그에게 만국을 다스리는 권세를 주리라. 그가 철장을 가지고 그들을 다스려 질그릇 깨뜨리는 것과 같이 하리라 나도 내 아버지께 받은 것이 그러하니라"하고 있는데 이는 신앙의 승리자에게 주시는 권세에 대한 약속으로 시편 2편 8,9절을 관용어적으로 반영한 것이다. 여기서 관용적으로 반영했다는 말은 우리나라 식으로 하면 속담 또는 격언 식으로 사용했다는 말이다. 예를 들면 "낫 놓고 기억자도 모른다"라는 말이 관용어인 속담, 또는 격언인데 그 뜻은 아무것도 모르는 사람이 아는체 하는 것을 비꼬아 하는 말이다. 관용어적으로 반영했다는 말은 이렇게 아무것도 모르는 사람이 아는체 할 때 속담으로 그의 무지를 전달하는 것을 말한다. 시 2:8~9절을 보면 '내게 구하라 내가 이방 나라를 네 유업으로 주리니 네 소유가 땅 끝까지 이르리로다, 네가 철장으로 그들을 깨뜨림이여 질그릇 같이 부수리라 하시도다'하고 있는데 이 시 2:8~9절은 예수님에 대한 이야기이지만 본 절인 계 2:26~27절은 신앙의 승리자인 우리에게 주실 약속을 말하는 말이다. 유대인들은 어떤 말을 할 때 그냥 말을 하지 않고 우리가 속담을 인용해서 말하는 것 같이 구약 성경 구절을 인용해 말했다. 그런데 이렇게 인용해 말하는 것을 관용어적 표현이라 한다.

26절 "그에게 만국을 다스리는 권세를 주리라"하고 있는데 여기서 만국을 다스리는 권세라는 말은 본 절만 나오는 말로 공중 재림 후 있을 천년왕국에서 왕 노릇하는 것을 말하는 말이 아니라 27절과 연결해서 보면 백보좌 심판시 배심원이 될 것을 말하는 말이다. 다시 말해 이 말은 주님이 백보좌 심판시 권세를 우리에게 양도 하신다는 말이 아니라 백보좌 심판시 주님은 심판주가 되시고 우리는 배심원으로 참여하게 해 주시겠다는 말인 것이다. 배심원 부분은 저의 책 계 20:12절을 반드시 참고하라.

"만국을 다스리는 권세를 주리라"라는 말은 헬라어로 "엑수시안(권세) 에피(동작전치사~에 대한) 톤 에드논(이방인)"이라는 말로 여기서 이방인은 유대인외의 사람을 말하는 것이 아니라 예수 믿지 않는 사람으로 심판받는 모든 사람을 말하는 말이다. '권세'라는 명사 엑수시아는 엑세스티(1832:그것은 가능한 일이다, 허용되어 왔다)에서 유래한 단어로 '엑세스티'(ἔξεστι)는 동작이나 활동이 시작하는 시점이 되는 원천으로써의 '안에서 밖으로, ...로부터, 떨어져서'라는 뜻의 전치사 '에크'(ἐκ)와 '있다, 존재하다, 발생하다, 현존하다' 의 뜻을 가진 존재동사 '에이미'(εἰμί)의 합성어에서 유래된 단어로 이는"하나님으로부터 발생했다"는 뜻으로 권세라는 말은 우리에게서 나온 힘이 아닌 하나님의 말씀과 예수를 믿음으로 나온 힘을 말하는 말이다.

그래서 고전 헬라어에서 엑수시아는 사법기관이 허락하에서 나온 '권리, 권세, 승인'으로 되어있다. 다시 말해 권세는 뒤나미스와 같이 어떤 타고난 나의 힘과는 대조적으로 법률, 정치, 사회, 혹은 도덕적 사건들의 영역 안에서 발휘될 수 있는 힘을 사법기관이 부여 했다는 의미이다. 고대에 이렇게 사법기관으로부터 부여 받은 힘인 권세(엑수시아)는 왕권과 부권과 소작권과 관리들의 관한과 사자들이 갖게 되었다. 그래서 이 권세를 부여 받은 왕은 자기 마음대로 처분할 수 있는 왕권을 갖게 되었고, 또한 아버지도 그러한 부권(아버지의 권한)을 행사했고, 소작권(소작인에게 행하는 권리로 경작권이라고도 한다)을 갖은 사람들이나, 관리들 혹은 사자들도 그러한 힘을 발휘했다. 70인역에서 엑수시아는 하나님의 힘이나 왕의 힘을 말하는 무제한적인 주권의 의미로 사용되었고, 신약성경에서는 이 권세를 주님이 성도들에게 부여 하신 것으로 나온다.

명사 에드노스(Homer이래=주전 500년도 시인)는 에도스(1485: 습관, 관습)에서 파생했으며, 따라서 여러 관습으로 인하여 함께 모인 '집단, 씨족'을 의미하며, '군중, 백성, 무리, 떼'를 의미하게 되었다. 이 단어는 순수한 그리스 사람이 헬라 사람이 아닌 외국인들을 가리키는데 사용되었다. 70인역과 신약성경에는 이스라엘 백성 또는 이방인을 말하는 말로 쓰였고 신약성경에는 믿지 않는 사람들을 향해 주로 사용하고 있다.

관용어적으로 만국을 다스리는 권세를 주신다는 말은 심판의 배심자로 참여 시켜 주신다는 말이다. 배심원 부분은 저의 책 계20:12절을 반드시 참고하라

철장권세 가지신 예수님

계시록 2장 27절을 보면 "그가 철장을 가지고 그들을 다스려 질그릇 깨뜨리는 것과 같이 하리라 나도 내 아버지께 받은 것이 그러하니라"하고 있는데 이 말은 시편 2:9절을 관용어적으로 반영한 것으로 시 2:9절을 보면 "네가 철장으로 그들을 깨뜨림이여 질그릇 같이 부수리라 하시도다"하며 하나님이 기름 부어 세우신 예수님은 철장 권세를 가지신 분이라 하는데 여기서 철장은 쇠막대기를 말한다. 그런데 이 쇠막대기로 흙으로 빚은 그릇을 깨는 일은 사실 식은 죽 먹기보다 더 쉬운 일이었다. 쇠막대기로 흙 그릇을 내리치면 흙 그릇은 산산조각이 난다. 이와 같이 예수님은 마지막 심판 때 그 철장권세로 악한 자들을

무자비하게 다스려 무서운 형벌을 내리신다는 것이다.

그런데 실제로 애굽의 왕들은 대관식(왕위 즉위식) 때에 주변 세계에 대한 자신의 통치권을 과시하기 위하여 주변 나라 외교 사절단을 초청해 놓고, 그들 나라 이름을 적은 질그릇을 만들어 놓고, 그 질그릇들을 쇠막대기로 깨뜨리곤 하였다고 한다. 이같이 애굽의 왕은 자신의 권세를 과시하기 위해 상징적으로 질그릇을 깨뜨렸지만 예수님은 '실제로' 심판의 날에 질그릇을 깨뜨림과 같이 온 세상을 심판 하실 것이다(계 2:27;12:5;19:15).

관용어적으로 철장권세는 절대 권력을 가지신 예수님의 무자비한 형벌을 말하는 말이다.

새벽별을 주리라

계시록 2장 28절을 보면 "내가 또 그에게 새벽 별을 주리라"하고 있고, 계시록 22장 16절을 보면 "나 예수는 다윗의 뿌리요(조상) 자손이니(후손) 곧 광명한 새벽 별이라 하시더라"하며 예수님 당신은 광명한 새벽별이라 하며 별중에서 가장 빛을 내는 금성인 새벽별이라 하고 계시지만 본 절의 별은 "광명한"이 빠진 별임으로 이는 계 2:26절의 신앙의 승리자와 하나님의 사역을 잘 감당한 자에게 만국을 다스리는 권세인 백보좌 심판시 배심원이 되게 하시겠다는 말씀이고, 또한 상급인 단 12:3절의 "많은 사람을 옳은 데로 돌아오게 한 자는 별과 같이 영원토록 빛나리라"하신 말씀대로 아버지의 집에서 주님과 함께 영원히 영광(별)을 누리게 해주시겠다는 말씀인 것이다.

왜냐하면 "내가 그에게 ~~주리라"함으로 이는 상급을 시사하는 말임으로 새 예루살렘에 가서 예수님이 금성과 같은 영광을 누리시는 것 같이 우리도 그 영광을 누리게 해주시겠다는 말씀인 것이다. 예수님이 새 하늘과 새 땅에서 큰 영광의 별로 영광을 누리신다면 우리는 새 하늘과 새 땅에서 가서 작은 별로 주님 곁에서 주님과 함께 영광을 누리게 된다는 말이다.

새벽이라는 말은 형용사 '프로이노스'로 이는 '프로이(4404:일찍이)'에서 유래한 말로 '이른 아침의'을 의미하는 말이다. 별은 명사 '아스텔(Homer이래)'로 이는 '뿌리다.펼치다'의 '스트론뉘오'에서 유래한 말로 "별"이란 뜻을 가지고 있다. 그런데 아스텔(792)과 마찬가지로 아스트론(798)도 '별'을 의미하는데, '아스텔'이 '별'을 의미한다면 '아스트론'은 '별, 별자리'를 가리킨다. 고대인들은 별을 '존재하는 것들' 심지어는 '신성한 것들'로 생각했다.

관용어적으로 별이란 왕이나 왕의 영광 또는 영광을 상징하는 말로 새벽별을 주리라는 말씀은 새 하늘과 새 땅에 들어가는 상급(영광)을 주신다는 말이다.

하존 요한 계시록 1

제 3 강

계시록 3 장

|계 3 장

사데교회

계시록 3장 1절을 보면 "사데 교회의 사자에게 편지하라 하나님의 일곱 영과 일곱별을 가지신 이가 이르시되 내가 네 행위를 아노니 네가 살았다 하는 이름은 가졌으나 죽은 자로다."하는데 사데는 두아디라 남동 약 48km 지점에 위치한 도시로 현재 터키인 루디아의 수도였다. 이 도시는 상업적으로 번창한 도시였다. 특히 염직 공업과 양털 염색, 금모래가 유명하여서 사치와 부의 도시로 전락하였고 무역의 요충지가 되었다. 군사적인 면에서는 성채가 남쪽만을 제외하고 모두 암벽으로 되어 있어 난공불락의 성을 이루고 있었기에 상당히 안일한 생활을 영위하고 있었다. 사데 사람들은 그 안일함으로 인해 두 번 정복을 당하였다. B.C.6세기 고레스의 공격과 약 200년 후 안티오쿠스의 침략이 그것이다. 종교적으로 사데는 시벨레 여신을 주신으로 섬겼고 황제 숭배가 극심하였다.

한편 사데 교회의 기원은 분명치 않으나 역사가들의 말에 의하면 요한의 전도로 세워졌고 2세기에 이르러 변증가며 주석가로 유명했던 멜리토가 이 교회의 감독이 됨으로 명성을 떨치게 되었다고 한다. 그러나 물질적 부요로 말미암아 내적인 피폐로 안일과 부도덕의 모습이 교회에까지 침투하였다. 사데 교회는 우상 숭배나 이단 종파에 의해 무너진 교회가 아니라 도덕적, 영적 타락에 의해 무너진 교회였다.

사데의 영어적 의미는 "도망쳐 나온 사람들"이란 뜻으로 성령으로부터 도망친 교회를 상징하고, 역사적으로는 주후 1517~1750년 종교개혁시대의 교회를 상징한다. 1517년 루터의 종교 개혁은 단순히 종교개혁만이 아닌 정치, 경제, 교육과 같이 사회 전반적인 개혁으로 10만명이 살해되고, 5만명이 집을 잃는 폭동이었다. 루터의 종교개혁은 마치 사데 교회 처럼'네가 살았다 하는 이름은 가졌으나 죽은 자로다'하는 것 같이 겉은 화려했지만 속은 빈 강정과 같은 개혁이었다. 이는 사데라는 뜻이 성령으로부터 도망쳐 나온 교회란 뜻과 같이 성령받지 못하고 주님의 일을 한다는 것이 얼마나 무모한 지를 가르쳐 주는 교훈이다. 무디 목사가 말하길 "하나님의 일꾼을 망가뜨리는 것은 과도한 일이 아니라 성령 없이 일하는 것"이라 한 것 같이 루터의 종교개혁과 사데 교회의 문제는 무디의 말과 같이 성령 받지 못하고 주님의 일을 한 것이 문제였다.

사데 교회에 나타나신 주님을 모습을 보면 "하나님의 일곱 영과 일곱 별을 가지신"분으로 나타나셨는데 이는 일곱 영은 완전한 영이신 성령을 말하고, 일곱 별은 계 1:20절을 보면 교회를 지키는 천사를 말함으로 이는 돕는 천사를 말하는데, 그런데 주님이 이 일곱 영과 일곱 별을 가지고 계신다는 것이다. 이는 주님이 사데 교회에 일곱 영인 성령을 주시고, 돕는 천사를 보내 주셔서 도와주시고, 구원하시기를 원하셨는데 사데 교회는 이를 뿌리치고 성령 받기를 거절하고 천사의 도움인 하나님의 도움 받기도 거절했다는 뜻이다.(참고로 천사의 도움이란 곧 하나님의 도움을 말하는 말이다)

관용어적으로 사데 교회는 성령받지 못하고, 천사 곧 하나님의 도움을 받지 못하고 신앙 생활 하는 것이 얼마나 무모한 신앙 생활인지 이는 마치 살아있는 것 같으나 영혼이 죽은 신앙 생활인 속빈 강정과 같은 신앙생활이라는 것을 말해 주고 있는 말이다.

사데 교회처럼 성령받지 못하고 신앙 생활하는 것은

계시록 3장 2절을 보면 "너는 일깨어 그 남은 바 죽게 된 것을 굳건하게 하라 내 하나님 앞에 온전한 것을 찾지 못하였노니"하고 있는데 여기서 '일깨워'라는 말은 헬라어 '가누 그레고논'으로'가누'는 현재 미완료 시상으로 현재형을 말하는 말이고, '그레고논' 역시 현재 능동태 분사로 현재형을 뜻하는 말로'일깨워'라는 말은 '가누 그레고논' 두 단어가 결합한 단어로 이는 '한순간만 깨어(경성) 있는 신앙생활을 하라는 말이 아니라 계속 반복해서 지속적으로 깨어 있는 신앙생활을 하라'는 말이다. 그런데 '그레고논'은 헬라어 '그레고류오(γρηγορεύω)'에서 유래가 되었는데 '그레고류오'는'깨어 있다, 지켜보다, 정신차리다, 엄하게 정성을 기울이다, 신중하다, 경계하다, 주의하다'라는 뜻을 가지고 있는데 이 말은 그 어원이 "꺼져 가는 불씨를 뒤살려 계속적으로 활활 따오르게 하는 것과 같은 행위"를 가리키는데서 유래가 되었다. 그러므로 일깨워라는 말은 꺼져가는 불씨와 같은 남은 믿음과 성령을 되살려 지속적으로 활활 타오르게 하라는 뜻이다.

또한 '그 남은 바 죽게 된 것을' 하며 '죽게 된 것'이라 하는데 이는 헬라어 '하 멜레이 아포다네인'으로 멜레이는 '멜로'(μελλω)의 3인칭 단수형으로 '멜로'에서 유래된 말로 '멜로'(μελλω)는 보통 다른 동사의 부정형과 결합하여 '장차~하려고 하다'의 뜻으로 쓰이거나 또는 단순히 뒤 따르는 동사를 미래형으로 만들어 준다. 그리고 동사 '아포다네인'은 '아포드네스코', '죽다'의 부정과거로(부정과거를 다른 말로 단순과거라고도 한다. 이는 과거의 단회적 사건이나 일회적 사건을 지칭할 때 사용한다) 이는 '죽음 후의 상태'를 말하는 것이 아니라 죽음이 완료되지 않은 상황을 의미하는 말이다. 그러므로 '하 멜레이 아포다네인'은 미완료 능동태 시상으로 이는 사데 교회가 부분적으로 살아있음을 말해주는 것이다. 다시 말해 '그 남은 바'라는 말이 시사하듯 아직 영혼이 죽지 않고 성령 받은 성도가 극소수 남아 있어 그래도 명맥은 유지하고 있으니 사데 교회에는 아직도 기회가 있다는 말이다.

또한 "내 하나님 앞에 네 행위의 온전한 것을 찾지 못하였노니" 하고 있는데 여기서 '온전한'에 해당하는 헬라어 '페플레로메나'는 '내적 성령 충만함'을 말하는 헬라어 '플레로오'의 완료 수동태 분사로 이는 절대적인 의미에서의 완전함이라기보다 인간이 행할 수 있는 한계 내에서의 온전함을 말하는 성령 충만함을 말하는 단어이다. 그러므로 사데 교회를 통해 알 수 있는 것은 우리가 성령 충만하지 못하고 신앙 생활하는 것이 사데 교회처럼 얼마나 어렵고 힘든 신앙 생활인지 알 수 있는 것이다.

관용어적으로 "내 하나님 앞에 온전한 것을 찾지 못하였노니"라는 말은 성령의 케어를 받지 못하고 사람의 케어를 받으며 신앙 생활하는 것은 마치 사데 교회처럼 "네가 살았다 하는 이름은 가졌으나 죽은 자로다(1절)" 하는 것 같이 속빈 강정 같은 신앙 생활임을 말해주는 말이다.

도적같이 오리라

계시록 3장 3절을 보면 "그러므로 네가 어떻게 받았으며 어떻게 들었는지 생각하고 지켜 회개하라 만일 일깨지 아니하면 내가 도둑 같이 이르리니 어느 때에 네게 이를는지 네가 알지 못하리라"하며 사데 교회 성도들에게 네가 어떻게 받았으며 들었는지 생각하라 하고 있는데 여기서 '받았으며'라는 '에일레파스'라는 말은 목적격과 능동적으로(스스로) '~를 잡는 것'을 말할 때 쓰는 '람바노'에 유래된 완료 시상으로 "영접하는 자 곧 그 이름을 믿는 자들에게는 하나님의 자녀가 되는 권세를 주셨으니(요1:12)" 라고 할 때 '영접'이라는 말과 그 유래가 같다. 그러므로 '어떻게 받았는지 생각해 보라'는 말은 처음 어떻게 예수를 영접했는지 잘 생각해 보라는 뜻이다.

'들었는지'에 해당하는 부정과거 '에쿠사스(들었던 사실)'는 '듣다,

청취하다, 들려오다, 보고되다'라는 '아쿠아'의 부정과거로 부정과거는 지나간 과거의 어느 한순간에, 마치 '폭탄이 터지듯이 펑!'하고 발생하여 한 순간에 끝나버린 단회적 사건을 표현할 때 사용하는 표현으로 이는 성령 받을 때처럼 과거에 한 번 있었던 사건을 말하는 말로 성령 충만은 반복적 사건을 말하지만 처음 성령 받은 사건은 영접과 같이 단회적 사건을 말한다. 그러므로 "들었는지"라는 말은 과거에 폭탄이 터지듯이 펑하고 한순간에 끝나 버린 사건을 말하는 것으로 이는 성령 충만이 아닌 성령을 처음 받았던 성령체험을 뜻하는 말이다. 또한 '생각하고'에 해당하는 헬라어 '므네모뉴에'는 '염두에 두다. 기억하다.생각하다'란 의미의 '므네모뉴오'에서 유래된 말로 동사 '므네모뉴에'는 현재 시제로 '계속하여 생각하고 회상해서 원인을 찾을 때 까지 계속 생각하라'는 뜻이다. 그러므로 "네가 어떻게 받았으며 어떻게 들었는지 생각하고 지켜 회개하라"라는 말은 너희들이 처음에 어떻게 예수님을 주님으로 영접했고, 또한 성령에 대하여 어떻게 들었는지 기억을 더듬어 반드시 그 원인을 찾아 처음 물과 성령으로 거듭난 때의 신앙을 회복하라는 말이다.

"내가 도적같이 이르리니 어느 시에 네게 임할는지 내가 알지 못하리라"라는 말씀은 마 24:34과 살전 5:2을 반영한 말로 이 말은 예수님이 도적이라는 말이 아니라 비교급으로 마치 도적이 예기치 못할 때 와서 해를 입히는 것 같이 예수님의 재림이 이렇게 예기치 못할 때 임한다는 것을 뜻하는 말이다. 그러므로 도둑이나 강도가 올 것을 잘 대비해 놓은 사람이 아무 걱정 없이 생활할 수 있는 것 같이 성도도 주님의 재림이 언제 오실지는 모르지만 늘 깨어 주님의 재림을 맞을 준비를 하고 있으면 그때 공중 재림에 여유있게 참여할 수 있게 된다는 말이다.

관용어적으로 "네가 어떻게 받았으며 어떻게 들었는지 생각하고 지켜 회개하라"라는 말은 네가 어떻게 예수님을 영접했으며 성령을 받았는지 잘 기억을 더듬어 그 신앙을 회복하라는 말이고 "내가 도둑 같이 이르리니 어느 때에 네게 이를는지 네가 알지 못하리라."라는 말은 재림의 임박성과 돌발성을 말하는 말로 언제든지 군대의 5분 대기조처럼 주님 맞을 준비를 잘하는 영적인 5분 대기조가 되라는 말이다.

옷을 더럽히지 아니한 자

계시록 3장 4절을 보면 "그러나 사데에 그 옷을 더럽히지 아니한 자 몇 명이 네게 있어 흰 옷을 입고 나와 함께 다니리니 그들은 합당한 자인 연고라."하고 있는데 여기서 옷은 관용어적으로 "신분과 천국에서의 관복"을 말하는 말이고, '더럽히지'로 번역된 동사 '에몰뤼난'는 '더럽히다.오염시키다.도덕적으로 더럽히다'라는 뜻을 지닌 '몰뤼노'의 부정 과거형으로서, 여기서는 동사를 부정하는 부정어'우크'와 같이 쓰임으로 이는 '결코 도적적으로나 성적으로나 영적으로 더럽혀지지 않았다'는 강한 부정을 나타내고 있다.

그런데 동사 '몰뤼노'는 고대 헬라어에서는 '성적 더럽힘'에 대해,'진흙이나 오물을 바르는 것'에 대해 사용되었던 말로 이 말은 종교적,

도덕적 영역에서'더럽힘'을 말하는 말로 쓰였다. 70인역과 신약성경에서 역시 도덕적, 종교적 더럽힘을 말하는 말로 쓰이고 있다. 그러므로 '그 옷을 더럽히지 않은 자 몇 명'이라 함으로 이는 도덕적, 윤리적, 종교적, 영적으로 더럽혀지지 않은 신실한 성령 받고, 성령 충만한 성도가 사데 교회에 있어 사데 교회가 그나마 명맥이 유지되고 있다는 뜻이다.

또한 "흰 옷"은 옳은 행실을 의미하는 공중잔치의 관복을 말하고, "나와 함께 다니리니"라는 말은 주님의 영광(공중혼인 잔치)에 참여하여 그 분과 새 하늘과 새 땅에서 친밀한 교제를 나누며 주님과 동거하는 삶을 살게 해 주시겠다는 뜻이다.

관용어적으로 "그 옷을 더럽히지 아니한 자 몇 명이 네게 있어 흰 옷을 입고 나와 함께 다니리니"라는 말은 사데 지역은 부유한 지역으로 성도들이 무사안일주의에 빠져 있을 뿐 아니라 성적, 신앙적으로 타락했지만 그러나 그중에 성령 받고, 성령 충만한 성도 몇이 있었는데 그들에게는 공중 재림시 공중혼인 잔치에 참여하게 하고, 그 후에 새 하늘과 새 땅에서 주님과 영원히 친밀한 관계를 맺게 해 주겠다는 말이다.

생명책

계시록 3장 5절을 보면 "이기는 자는 이와 같이 흰 옷을 입을 것이요 내가 그 이름을 생명책에서 결코 지우지 아니하고 그 이름을 내 아버지 앞과 그의 천사들 앞에서 시인하리라"하며 '생명책'은 신,구약 성경에서 자주 언급된다(계 13:8 ; 계 17:8 ; 계 20:12,15 ; 계 21:27 ; 출 32:32 ; 시 69:28 ; 눅 10:20 ; 빌 4:3). 그러나 구약시대에는 신약시대 때의 개념처럼 종말론적 개념이 아니라 지상에 있는 신성국가(이스라엘)의 시민권을 뜻했는데 이것이 다니엘서 12:1절부터 종말론적 개념의 성격을 띠기 시작해 신약시대에는 완전히 종말론적 개념으로 확정되어 사용된다. 구약에서 이스라엘 백성들에게 주어진 시민권(주민등록증)을 신약시대에는 예수 믿는 성도들이 천국에 들어갈 수 있는 자녀들의 이름이 기록된 책의 개념(주민등록 등본=온 가족의 인적 사항이 다 나옴)으로 사용된다.

쉽게 말해 생명책을 구약적 개념으로 하면 시민권으로 천국행 티켓(표, 입장권)을 뜻하는 말로 우리말로 하면 주민등록증을 말하는 말이고, 생명책을 신약적 개념으로 하면 가족구성원이 기록되어 있는 주민등록 등본(지금은 가족 관계 증명서)이라 보면 된다. 로마가 천년을 지속할 수 있었던 것은 바로 시민권(주민등록증) 때문이었는데, 로마는 종에게도 몇 년이 지나면 노예에서 해방시켜 주고 시민권을 부여했다. 또한 이 시민권을 가지고 있는 사람은 동등하게 황제가 될 수 있는 기회도 주어졌다. 이것이 로마를 하나로 뭉쳐 강성대국을 만드는 초석이 되었다.

계시록 13장 8절을 보면 "죽임을 당한 어린 양의 생명책에 창세 이후로 이름이 기록되지 못하고"하며 창세 이후에 생명책에 이름이 기록되었다고 나오기에 예정론 자들은 이는 창세 전에 예정된 자만 생명책에 이름이 기록되었다고 생각하는데 그러나 이 말은 예정론을 말하는 말이 아니다. 왜냐하면 헬라어 문법상 '창세 이후로'가 '죽임을 당한'을 수식하기에 이 말은 곧 예수가 죽은 이후 믿는 자들의 이름이 생명책에 기록되기 시작했다라고 되어 있기 때문이다.

이 말의 헬라어는 '투 알니우(어린 양) 습하그메누(죽음) 아포(이후) 카타볼레스(설립) 코스무(우주)'로 그 뜻은 '우주를 설립한 이후 죽임을 당한 그 어린 양'이라 되어 있음으로 창세 이후로가 죽임을 당한을 수식하고 있다.

그러면 천지 창조 후부터 구약까지의 성도들은 어떻게 생명책에 기록되었을까? 이에 대한 답은 벧전 3:19~20절에서 찾아 볼 수 있다. 벧전 3:19~20절을 보면 "그가 또한 영으로 가서 옥에 있는 영들에게 선포하시니라. 그들은 전에 노아의 날 방주를 준비할 동안 하나님이 오래 참고 기다리실 때에 복종하지 아니하던 자들이라"하며 예수님이 죽은 후 3일 동안 무덤 속에 계실 때 예수님의 영은 옥에 있는 구약의 영혼들에게 복음을 전했다고 나온다. 다시 말해 구약 백성들도 예수를 믿지 않으면 그 영혼이 지옥에 가게 되어 있는 것이다. 왜냐하면 그들은 오시리라 한 메시야만 믿었지 예수를 믿지 않았기 때문에 그들도 결국 지옥에 갈수 밖에 없는 것이었다. 그래서 주님은 그들에게도 당신을 믿을 수 있는 기회를 주기 위해 그들에게 가셔서 당신을 믿을 것을 전도하고 오셨다는 말이다. 그래서 옥에 있는 구약의 영혼들도 그때 예수님을 영접하고 믿었다는 말이다. 비록 그들이 아주 먼 옛날에 죽었지만 생명책에 기록되기 시작한 것은 예수님이 죽은 후에 기록되기 시작했다는 말이다. 그러므로 계13:8절의 창세 이후로 기록된 자들이란 구약 성도들과(벧전3:19~20) 신약 성도들을 모두 포함해서 예수님이 죽으신 후 생명책에 기록된 자들을 말하는 말이다. 다시 말해 생명책에 기록되기 시작한 것은 예수님이 죽으신 이후부터 기록되기 시작했다는 말이다.

그런데 생명책에 기록된 자들은 물(예수 믿는 것)과 성령으로 거듭난 자들만 기록된 것이 아니라 성령으로 거듭나지는 못했지만 물인 예수를 믿은 사람들도 기록되었다. 왜냐하면 구약의 영들에게(벧전 3:19~20) 예수님이 복음을 전하러 갔을 때 그들은 예수님만 영접했지 성령은 받지 못했기 때문이다. 그러므로 생명책에는 이렇게 두 종류의 성도들이 기록되었던 것이다. 그런데 이렇게 생명책에 기록되었는데 예수만 믿어서 기록된 자들은 새 하늘과 새 땅에는 들어가지 못하고 천국에만 가고, 새 하늘과 새 땅은 물과 성령으로 거듭난 자들만 가는 곳이다.

또한 이렇게 물인 예수만 믿어 생명책에 기록된 자들은 예수께서 공중 재림하실 때 공중 재림에 참여하지 못하고, 이 땅에 남아 후 삼년 반을 통과하게 되어 있다. 그러므로 공중 재림에 참여하려면 반드시 물과 성령으로 거듭나야 하는 것이다. 이렇게 물과 성령으로 거듭나는 것을 계시록에서는 인침이라 한다(계 17:8, 계 20:12.15, 계 21:27). 계 3:5절인 본 절에서 말하는 이기는 자란 물과 성령으로 거듭난 자를 말하며 이들이 새 하늘과 새 땅에 간다는 말이다.

'결코 지우지 않으리라'하심으로 이 말 속에는 생명책에 기록되었다고 안심 할 것이 아니라 죽는 순간 생명책에서 지워질 수도 있다고 말씀하고 있는 것이다. 즉 이 말은 생명책의 생명 되신 주님을 죽을 때까지 의지하지 않고 중도에 배교하거나 믿음에서 이탈하거나 이기는 신앙생활을 하지 못하고 사데 교인과 같이 세상과 짝하면 죽는 순간에 생명책에 기록된 이름이 지워질 수 있다는 말이다. 왜냐하면 생명책에서 지워질 수도 있기에 '결코 지워지지 않으리라'하는 말씀을 남겼기 때문이다.

생명책이라는 말은 헬라어 '테스 비블루 테스 조에스'라는 말로 '그 영생들 그 책'이라는 뜻으로 곧 "영생의 책"이라는 뜻이다.

"내가 그 이름을 생명책에서 결코 지우지 아니하고 그 이름을 내 아버지 앞과 그의 천사들 앞에서 시인하리라."하며 신앙의 승리자에게 생명책에서 이름을 지우지 않을 뿐 아니라 예수님이 친히 하나님 아버지 앞과 천사들 앞에서 시인하리라 하고 있다. 이는 성도들이 하나님 아버지 앞에서 자녀임을 고백한다는 말이 아니라 "내가~~아버지 앞과 천사들 앞에서 시인하리라"하심으로 예수님이 성도들을 대신해서 그 이름을 법적으로 하나님의 자녀임에 대하여 인정해 주신다는 말이다. 그런데 여기서 '시인하리라'에 해당하는 헬라어 동사 '엑소몰로게 소마이'는 법정에서 진술에'동의'하는 뜻인'나는 고백을 한다'라는 말로 되어있는데 이 말은 '고백하다, 인정하다, 찬양하다'의 뜻을 가진 '엑소몰로게오'에서 유래 되었고, 이 말은 또한 법정에서 '동의'하는 것이라는 뜻을 가진 동사'호몰로게오'에서 유래가 되었다.

고대 헬라어에서 '호몰로게오'는 소포클레스와 헤로도투스에서부터 나타나며, 헬라어 문헌에서 보편적으로 사용되었으며, 특히 법률과 종교 분야에서 중요한 용어였다. 호몰로게오는 호모(동일한 것, 유사한 것)와 레고(말하다), 또는 로고스(말, 연설)의 합성어이며, 따라서'동일한 것을 말하다. 말에 동의하다'를 의미한다. 이 말은 법정적인 의미가 현저하게 함축되어 있다. 사람은 다른 사람의 진술(말)에 동의하고 어떤 사항을 인정하거나 고백하고(예: 재판관 앞에서 자기 죄에 대한 인정이나 고백), 어떤 일에 대해 동의하고(예: 다른 사람의 소원에 대한 동의) 또한 약속한다. 이 동의는 법정적 또는 법적 계약(서)로서 서약, 약속 또는 고백 행위로 표현한다. 이 단어들의 종교적 용법은 이 단어들을 협정(조약)이나 법정 언어로 사용한 용법에서 파생되었을 것이다. 어떤 맹세(호몰로게오)로서 자신을 구속하는 사람은 신(神)과의 조약 관계에 들어간다. 그래서 이 개념은 법정에서의 과실에 대한 엄숙한 고백을 뜻하는 개념에서 신께 대한 죄의 고백을 뜻하는 개념으로 변형되었다. 즉 법정에서 고백하는 것과 같이 신에게도 그렇게 고백하는 개념으로 변형되었다는 것이다. 이 호몰로게오는 70인역에서 '맹세하다.서원.찬양하다'와 하나님의 자손을'인정하다'라는 개념과 잘못을 '고백하다'라는 의미로 사용되었으나 신약에 호몰로게오는 '찬미하다.고백하다, 공개적으로 고백하다, 공적으로 진술하다, 언명하다, 약속하다, 시인(인정)하다, (엄숙히)공언하다, 증거하다'라는 의미를 나타내며 다양하게 쓰였다. 생명책에 대한 부분은 저의 책 계 20:12절을 반드시 참고하라.

관용어적으로 "생명책"이란 '영생의 책'을 말하는데 구약에서는 이스라엘 백성의 시민만을 기록한 책을 의미하는 것으로만 쓰였지만, 신약에서는 영적인 의미인 예수 믿는 성도들이 가진 천국 시민권과 새 하늘과 새 땅에 가는 시민권을 기록한 책을 말하는 말로 쓰이고 있다. "이기는 자는 이와 같이 흰 옷을 입을 것이요 내가 그 이름을 생명책에서 결코 지우지 아니하고"라는 말은 생명책에 기록되었지만 끝까지 생명 되신 예수님을 의지하지 않으면 생명책에서 지워질 수도 있다는 말이고, "내가~~그 이름을 내 아버지 앞과 그의 천사들 앞에서 시인하리라."는 말은 신앙의 승리자라고 하나님 아버지 앞과 천사들 앞에서 법적으로 예수님이 성도들을 대신해서 인정해 주시겠다는 말씀이다. 이 부분은 반드시 저의 책 계20:12절과 계22:12절을 참고하기 바란다.

로마 시미권에 대하여

계시록 3장 5절을 보면 "이기는 자는 이와 같이 흰 옷을 입을 것이요 내가 그 이름을 생명책에서 결코 지우지 아니하고 그 이름을 내 아버지 앞과 그의 천사들 앞에서 시인하리라"하며 생명책에 대하여 말하고 있는데 이 생명책은 신성국가(이스라엘, 로마)의 시민권을 뜻한다.

알렉산더 대왕은 3만6천명의 병사로 페르시아를 침략해 페르시아 살라미스 전투에서 페르시아군 백만 대군을 격퇴해 다리오 3세때 페르시아를 멸망시켰는데 그 전법이 바로 한산대첩에서 사용한 학익진이다. 학익진은 소수 병사로 대군을 무찌르는 전법으로 기원전 218년 2차 포에니 전쟁 때 카르타고의 명장 한니발 장군이 로마를 상대로 4만 명의 병사로 로마군 8만 명을 전멸시킬 때 쓴 전법이다.

이순신 장군도 이 학익진으로 55척의 배로 일본군 73척과 싸워 그 중 59척을 침몰시키고 일본군 4,000명을 죽였다. 로마 2천년 역사에서 이처럼 한 전쟁에서 거의 전멸당한 전쟁은 없었다. 한니발 장군은 5만 명의 병사로 알프스를 넘었는데 그중 2만5천명이 알프스에서 얼어 죽었다. 그리고 2만5천의 병사로 1차 로마와의 전쟁에서 승리한다. 그리고 2~3차 전쟁에서도 승리하지만 결국 패배한다. 그런데 이렇게 명장 한니발장군이 전쟁에서 승리하고도 패한 이유가 바로 로마 시민권에 그 원인이 있다고 한다.

로마는 전쟁을 해서 승리하면 패배한 나라 백성들에게 어떤 차별도 없이 시민권을 부여했고, 종을 삼아도 10년 동안만 종으로 삼았지 10년이 지나면 자동으로 해방시켜 주었고, 동시에 로마 시민권도 부여했다. 이 로마 시민권 제도를 그대로 수용한 나라가 미국이다. 즉 로마의 시민권 제도와 미국의 시민권 제도는 똑 같다고 한다. 로마는 원로원에서 황제가 결정되는데 아무리 점령한 나라가 소수 민족이라 해도 기회를 균등하게 주어 황제가 될 수 있었고, 원로원이 될 수 있었다. 현재 미국이 다양한 민족의 사람들로 구성된 다민족 국가이지만 미국 시민들이 미국의 시민권을 갖는 것을 자랑과 긍지로 삼는 것 같이 로마 역시 로마와의 전쟁에서 패해 로마 시민이 되는 것을 수치로 생각하지 않고 오히려 로마시민이 된 것을 긍지로 여겼다.

페르시아는 알렉산더대왕에 의해 멸망당했는데 당시 페르시아 군은 100만 대군이었지만 다민족으로 구성된 군대라 충성심이 없어 한 번 전쟁에서 알렉산더에게 패하자 모래알처럼 흩어져 항복했다. 다른 민족들이 항복함으로 페르시아는 단 두 번의 패배로 쉽게 멸망 할 수밖에 없었다. 그러나 로마는 달랐다. 비록 한니발 장군에서 3번 크게 패했지만 로마는 로마 시민권 아래 똘똘 뭉쳐 결국 최후 승리를 얻었던 것이다.

계시록에 보면 생명책이 나오는데 이 생명책을 다른 말로 하면 로마 시민권이(또는 신성국가 시민) 되는 것을 말한다. 계3:5절을 보면 생명책에서 결코 지우지 아니하리라 하고 있는데 이 말이 바로 로마 시민권을 두고 하는 말이다. 다시 말해 이 말은 천국 시민권을 갖는 것이 바로 로마 시민권을 갖는 것 보다 더 자랑스럽고, 영광스럽고, 긍지라는 뜻이다. 로마 시민권이 로마를 어떤 전쟁에서도 승리하게 한 견인차였으며 로마를 2천년 동안 버티게 한 원동력이었던 것 같이 천국 시민권이 바로 우리의 신앙생활의 승리의 견인차이며 우리 신앙생활을 버티게 하고, 승리하게 하는 원동력이라는 말이다.

빌라델비아 교회

계시록 3장 7절을 보면 "빌라델비아 교회의 사자에게 편지하라 거룩하고 진실하사 다윗의 열쇠를 가지신 이 곧 열면 닫을 사람이 없고 닫으면 열 사람이 없는 그가 이르시되"하며 빌라델비아 교회가 나오는데 '빌라델비아'는 헤르무스강과 인접한 코가미스 계곡의 고원에 잡고 있으며 오늘날에는 '알라세히르(하나님의 도시)'라는 이름을 가진 터키의 한 성읍으로 남아 있다. 빌라델비아는 사데 동남쪽 약 40km 지점에 위치한 고원 도시로 포도 생산지로 유명하였다.

그곳은 서머나와 루디아 왕국으로부터 동방으로 가기 위해 제일 먼저 들러야 하는 도시로 '동방의 관문'이라 일컬어지기도 했다. 농업과 상업이 발달하여 경제적으로 상당한 부를 누렸으나 지진이 잦아 피해가 많았다. 또한 많은 신전과 종교적 행사가 있어 A.D. 5세기에는 '작은 아테네'로 불렸다. 그러나 빌라델비아는 이교 신전과 종교 행사가 많고 계시록 2,3장에 나타난 소아시아의 일곱 교회가 위치한 지역 중 가장 짧은 역사를 기지고 있음에도 불구하고(B.C.159~138) 아시아가 15세기 이슬람교도들에 의해 짓밟힐 때 유일한 기독교의 보루로서 신앙을 지켜 그 지역은 1932년까지 기독교 도시로 남아 있었던 가장 칭찬 받은 지역이었다.

한편 빌라델비아 교회에 대해서는 알려진 바가 거의 없으며 단지 암미아라는 여선지자가 이 교회를 관할하면서(A.D.100~160) 큰 부흥을 이룬 듯하다. 이 교회의 성장으로 흩어진 유대인들이 개종하는 역사도 있었으나 반면에 교회를 가장 반대하는 자들 역시 유대인들이었다.

빌라델비아 교회는 교회사적으로 1750~1905년까지의 교회를 말하는데 이때 세계 교회는 가장 많은 이른비의 역사가 나타나 폭발적인 부흥이 일어난다. 그래서 역사적으로 빌라델비아 교회는 전도하는 교회를 상징한다. '빌라델비아'는 헬라어로 '필라델훼이아'로 '형제들을 사랑하는'이라는 '필라델프호스(5361)'에서 유래가 되었는데 이 '빌라델비아'라 처음으로 이름을 지어준 사람은 B.C 2세기경 버가모 왕 조이앗탈루스 2세인데 그는 자기 형제에 대한 사랑의 표시로 "형제 사랑"이라는 뜻의 '빌라델푸스'를 이 도시의 이름으로 명명했다. 그런데 '필라델호스'는 '필로스(5384 사랑하는 사람.친구.친밀한)'와 '아델포스(형제, 같은 조상을 가진 사람80)'가 합성된 말로 '형제를 사랑하는 사람'이라는 뜻을 가지고 있다. 이는 빌라델비아 교회가 형제를 위해 목숨을 다해 주님처럼 사랑했다는 것을 말해주는 것이다.

그런데 빌라델비아 교회에 나타난 주님의 모습을 보면 "거룩하고 진실하사 다윗의 열쇠를 가지신 이 곧 열면 닫을 사람이 없고 닫으면 열 사람이 없는 그가"하며 예수님은 거룩하시고 거짓이 없는 진실하신 분이신데 그 분이 다윗의 열쇠를 가지고 계신 모습으로 나타나셨는데 이는 다윗 왕 때 엘리야김이 다윗의 집 열쇠를 맡아 다윗의 집을 관리하는 권세를 행했던 것 같이 예수님은 다윗의 집안을 관리하는 열쇠 차원이 아닌 다윗의 집을 상징하는 천국의 열쇠를 관리하는 절대 권세를 가지셨다는 뜻이다. 그런데 천국 열쇠를 가지신 주님이 빌라델비아 교회를 향해 천국 문을 활짝 열어 놓으셨다는 것이다. 그런데 이렇게 천국문의 절대 권력을 가지신 주님이 빌라델비아 교회를 향해 천국 문을 활짝 열어 놓았는데 누가 감히 그 문을 닫을 수 있겠느냐는 것이다. 이는 빌라델비아 교회가 하는 일들이 주님을 기쁘게 하는 일들만 해서 주님이 아주 흡족히 여겨 빌라델비아 교회 성도들을 모두 새 하늘과 새 땅에 들어가게 하신다는 뜻이다.

관용어적으로 빌라델비아 교회는 형제를 사랑한 모범적인 교회라는 뜻이다.

천국 열쇠에 대한 관용어

계시록 3장 7절을 보면 "빌라델비아 교회의 사자에게 편지하라 거룩하고 진실하사 다윗의 열쇠를 가지신 이 곧 열면 닫을 사람이 없고 닫으면 열 사람이 없는 그가 이르시되"하며 "다윗의 열쇠"를 하고 있고, 마태복음 16장 19절을 보면"내가 천국 열쇠를 네게 주리니 네가 땅에서 무엇이든지 매면 하늘에서도 매일 것이요 네가 땅에서 무엇이든지 풀면 하늘에서도 풀리리라 하시고"하며 "천국 열쇠를"하고 있는데 이 말씀들은 이사야서 22장 22절"내가 또 다윗 집의 열쇠를 그의 어깨에 두리니 그가 열면 닫을 자가 없겠고 닫으면 열 자가 없으리라"

라는 말씀을 관용어적으로 반영한 말씀들이다.

　　그런데 사22:22절은 히스기야왕때 즉 이사야가 활동할 때 국고를 맡고 있던 셉나 대신에 엘리야김이 다윗의 집 열쇠를 맡아 다윗의 집 전체를 관리하는 권세를 행하게 하는데서 나온 말이다. 즉 엘리야김이 다윗의 집을 관리하는 열쇠를 소유했다. 그런데 여기서 다윗의 집이란 사 22:15~22절을 보면 다윗 궁의 모든 궁중 살림을 도맡아 보는 관리를 말하고 있다. 셉나는 서기관으로 공문서를 기록하는 관리였는데 더불어 궁중살림 까지 책임을 지고 있는 곳간 열쇠를 가지고 있던 관리였는데 그는 그 열쇠를 가지고 궁림 살림을 잘 관리한 것이 아니라 자기 이익(배불리는데)을 채우는데 사용하였다. 그러다 그것이 발각되어 결국 파면을 당하게 되고 그가 가지고 있던 왕궁 곳간 열쇠는 신실한 종 엘리야김에게 넘어가게 된다(다윗의 집의 열쇠란 다윗 왕궁의 곳간을 관리하는 곳간열쇠를 말한다).

　　그런데 이사야서 22:22절을 보면 "또 다윗 집의 열쇠를 그의 어깨에 두리니"하고 있는데 여기서도 '다윗 집'은 유다 왕궁을 말한다. 또한 '열쇠를 그의 어깨에 둔다'는 말은 위정자(맡은자)의 책임이 무거움을 강조하는 표현인데 실제로 고대에는 '무겁고 긴 열쇠를 어깨에 둘러메었다'한다. 사 9:6절 보면 "이는 한 아기가 ~~그의 어깨에는 정사를 메었고"하고 있는데 이 또한 당시 풍습에 정사(지도자.통치자.왕)인 권위를 상징해서 왕은 실제로 금고리나 열쇠를 어깨에 걸쳤다고 한다.

그런데 베드로에게 주님이 이런 천국열쇠를 주노니했는데 이는 당시 풍습으로 볼 때 실제로 주님이 어떤 열쇠를 준 것이 확실하다. 비록 상징적인 뜻이 있지만 엘리야김에게 왕궁 물품관리 열쇠를 주었던 같이 베드로에게 결국 중요한 사명을 맡기신 것이다. 그래서 로마 카톨릭은 베드로 한 사람에게 그 약속이 주어졌고, 역사적으로 그의 후계자인 교황에게 그 권한이 계속 부여되고 있다고 하지만 사실은 그런 뜻이 아니라 이 천국 열쇠는 복음의 문을 여는 열쇠(물꼬여는 열쇠)를 말하고 있는 것이다.

고대 헬라어에서 열쇠는 명사 '클레이스(Homer 이래)'로 이는 '클레이오', '닫다'에서 유래했으며 '열쇠'라는 뜻을 가지고 있는데 고대인들은 하늘이 문들로 닫혀 있는데 이 하늘의 문의 열쇠는 특정한 신들이나 천사들이 가지고 있다고 생각했다. 70인역에서 열쇠는 5번에 걸쳐 나온다. 구약에서 열쇠는 큰 나무 문의 열쇠를 말하며 그 나무 문은 아마 여러가지 긴 못을 박아 고정한 하나의 긴 나무 조각으로 되었다. 이 열쇠는 대개 매우 커서 호주머니에 넣지 못하고 혁대에 달고 다니거나 심지어는 어깨에 메고 다니기까지 하였다(사 22:22). 이 열쇠로 밖에 문의 자물쇠를 앞뒤로 돌리게 되어 있었다. 레위인의 특별한 직무 가운데 하나는 방과 광의 열쇠들을 관장하는 것이었다(대상 9:27). 사 22:22에서는 엘리아김에게 다윗 집의 열쇠를 소유하게 되는 직책이 수여되었다. 고대 사람들이 하늘 문의 열쇠를 천사들이 가지고 있다고 했는데 유대인들은 미가엘 천사장이 그 열쇠를 가지고 있다고 여겼고, 또한 하나님은 네가지 열쇠를 가지고 계셨다고 생각했는데 그것은 '하늘 문'과 '구름(비)'과 '마음'과 '태'의 문의 열쇠를 가지고 계신 것으로 여겼다.

본 절을 보면 "다윗의 열쇠를 가지신 이 곧 열면 닫을 사람이 없고 닫으면 열 사람이 없는 그가 이르시되"하며 열쇠가 나오는데 열쇠는 언제나 절대 권력이나 권세를 상징하는 말이다. 그래서 우리가 '내가 열쇠를 가지고 있다'하면 내가 주인공이며 핵심이며 권력가라는 뜻으로 말하는 말이다. 마찬가지로 예수님이 "다윗의 열쇠를"가지고 계시다는 뜻은 다윗의 집이 새 하늘과 새 땅을 말하는 관용어이기에 그 열쇠를 예수님이 가지고 계시다는 말은 나를 통해서만 새 하늘과 새 땅에 들어 갈수 있다는 말이며 내가 닫으면 새 하늘과 새 땅에 들어갈 자가 없고 내가 열어 놓으면 새 하늘과 새 땅에 들어가는 것을 방해할 자가 없다는 말이다.

관용어적으로 열쇠란 절대 권한이나 권세를 뜻하는 말이다.

성도들은 후삼년 환난을 당하지 않는다.

계시록 3장 10절을 보면 "네가 나의 인내의 말씀을 지켰은즉 내가 또한 너를 지켜 시험의 때를 면하게 하리니 이는 장차 온 세상에 임하여 땅에 거하는 자들을 시험할 때라."하며 "네가 나의 인내의 말씀을 지켰은즉"하고 있는데 이는 빌라델비아 교회 성도들이 박해를 당하면서도 인내하며 순종했다는 뜻이다. 그 결과 주님이 빌라델비아 교회 성도들을 지켜 시험의 때를 면하게 하신다는 것이다.

"또한 너를 지켜 시험의 때를 면하게 하리니"라는 말의 헬라어는 "카고(그리고) 세(2인칭대명사, 단수, 대격, 너를, 당신) 테레소(진지를 지키다. 보호하다) 에크(근원을 말하는 전치사) 테스(정관사) 호라(시간.때) 투(정관사) 페이라스무(시험)"로 그 뜻은 "그리고 마귀가 주는 그 시험의 그 때에 그 곳 밖에서 너를 보호할 것이다"라고 되어있다.

그런데 여기서 '시험'이라는 말은 '페이라스모스'인데 이 단어는 대개 인간이나 다른 힘들(고난, 핍박, 유혹)에 의한 위협이나 부담을 가리키는 말이다. 페이라스모스는 객관적으로 볼 때 사람을 옳은 길에서 떠나도록 위협하는 어떤 위험을 말한다. 그런데 이 "페이라스모스"는 '시련하다, 시험하다, 유혹하다'라는 동사 페이라조(Homer 이래)에서 유래가 되었는데 페이라조는 또한 페이라(시험, 시련, 실험3984)에서 유래가 되었다. 그런데 시험에는 두 가지 헬라어 단어가 있는데 그것은 '도키마조'와 '페이라조'이다. '도키마조'가 영어로 '테스트'적 의미라면 '페이라조'는 마귀가 주는 시련을 의미한다. 그런데 본 절의 '페이라스모스'는 '페이라조'에서 유래가 되었음으로 이는 마귀가 주는 시련인 시험을 말하는 것이다. 그러므로 이 시련은 종말에 있을 시험을 뜻하는 말이다.

또한 '시험의 때를 면하게 하리니'하고 있는데 여기서 '면하게 하리니'라는 말은 헬라어로 '테레소 에크'인데 이는 '시험의 근원으로 부터 밖에서 보호하겠다'는 말로 여기서 '테레스'는 '진지를 방어하다, 지키다, 보호하다'라는 말의 "테레오"의 단순 미래형이고, 전치사 '에크'는 요 17:15절의 의미로 '~~중에서 밖으로'라는 뜻과 약 1:27절의 의미로 '에크'를 '아포'인 '~~로부터'의 의미로 해석 된다. 그런데 '에크'가 '~~밖으로'라는 일반적인 전치사로 쓰이면 시험에서 열외가(고센땅) 되는 것이지만, 근원을 묻는 전치사인 '아포'적 의미로 쓰이면 시험의 근원으로부터 완전히 면해지는 것을 말한다. 그런데 본 절의 '에크'가 '아포'적 의미인 근원으로부터 보호해 주는 것을 말하고 있다. 즉 시험의 근원 밖에서 보호해 준다는 말이다. 이를 우리 개정성경에서는 '면해 준다'로 해석하고 있다.

다시 말해 '에크'가 '~~중에서 밖으로'가 되면 이는 애굽땅에 10가지 재앙이 내릴 때 이스라엘 백성이 사는 고센땅에만 10가지 재앙이 내리지 않게 면해진 것을 말하는 뜻이 되지만 '에크'가 '아포'적 의미로 시련의 근원으로 보호를 받는 것이 되면 이는 아예 시련 자체가 없게 해주신다는 말로 이는 애굽에 10가지 재앙이 올 때 이스라엘 사람들을 애굽 자체에서 떠나 다른 나라로 이주해 준다는 말이 되는 것이다. 다시 말해 시험 자체가 없는 지역(장소)으로 아예 통째로 옮겨 주신다는 말이 되는 것이다. 이는 시험의 때 공중 혼인잔치에 참여하게 해 주심으로 말미암아 아예 시험 당하는 장소에서 떠나 보호해 준다는 뜻이 되는 것이다. 그런데 본 절의 '에크'가 '아포'의 개념인 '근원으로부터 밖으로'로 해석되기에 이는 시험의 근원적인 장소로부터 완전히 면제해 준다는 말이 되는 것이다. 이 말은 후 삼년반 환난의 근원으로부터 면해 준다는 말이다. 왜냐하면 환난은 후 삼년반에만 있기 때문이다.

저는 마 24장을 근거로 마 24:1~15절까지를 전삼년반으로 보고 마 24:16절 이후를 후 삼년반으로 보는데 공중 재림의 시점은 전삼년반이 끝나고 후 삼년반이 시작될 때 공중 재림이 있을 것으로 본다. 한마디로 말해 환난 중간 재림설을 주장한다. 그 이유는 마 24:15~18절을 보면 "다니엘이 말한 바 멸망의 가증한 것이 거룩한 곳에 선 것을 보거든(읽는 자는 깨달을진저), 그 때에 유대에 있는 자들은 산으로 도망할지어다, 지붕 위에 있는 자는 집 안에 있는 물건을 가지러 내려 가지 말며, 밭에 있는 자는 겉옷을 가지러 뒤로 돌이키지 말지어다" 하기 때문이다. 왜냐하면 여기서 멸망의 가증한 것은 예루살렘 포위를 말하는 것이고, 산은 공중 재림을 말하기 때문이다. 그런데 재림은 이렇게 예루살렘을 포위하고 점령전에 일어난다고 마 24:15~18절에서 말하기 때문이다. 그래서 저는 개인적으로 환난 중간 재림설을 주장하는 것이다.

"장차 온 세상에 임하여 땅에 거하는 자들을 시험할 때라" 본문은 앞서 언급된 '시험의 때'에 대한 보충문으로 이 시험의 때는 지금은 아니지만 '장차' 즉 미래에 있을 일이라는 것이다. 그런데 그때 '온 땅에 거하는 자들을 시험하는 때'라는 것이다. 다시 말해 여기서 온 땅에 거하는 자들이란 전 세계에 거하는 불신자들을 말하는 말이다. 왜냐하면 온 땅은 관용어적으로 세상 땅을 뜻하는 말이기 때문이다. 또한 '시험'이라는 말이 마귀가 주는 시련인 '페이라조'로 되어있다. 이는 온 세계에 마귀가 주는 시련이 국지전으로 오는 것이 아니라 전면 전으로 전 세계에 동시에 온다는 것이다. 이렇게 시련이 전면적으로 전 세계에 동시에 온다는 말은 마지막 종말인 후 삼년반 환난을 말하는 말인 것이다.

관용어적으로 시험의 때를 면해 준다는 말은 후삼년 환난의 때 공중혼인 잔치에 참여하게 해 주셔서 후 삼년반의 시련의 근원으로 부터 완전히 면해준다는 말이다.

성전의 기둥이 되게 하겠다.

계시록 3장 12절을 보면 "이기는 자는 내 하나님 성전에 기둥이 되게 하리니 그가 결코 다시 나가지 아니하리라 내가 하나님의 이름과 하나님의 성 곧 하늘에서 내 하나님께로부터 내려오는 새 예루살렘의 이름과 나의 새 이름을 그이 위에 기록하리라"하며 신앙의 승리자에게 내 하나님의 성전의 기둥이 되게 한다고 했는데, 당시 빌라델비아 교인들은 이방인들이기에 헤롯성전을 본적이 없다 그래서 성전에 대하여 이야기하는 것은 쉽지 않지만 그러나 솔로몬 성전 현관에 야긴과 보아스가 있었던 것은 잘 알고 있고(대하 3:15~17), 또한 성전의 기둥이 얼마나 중요한지도 잘 알고 있었다. 왜냐하면 집도 그렇지만 성전도 역시 기둥이 무너지면 집과 성전은 무너질 수밖에 없기 때문이다. 그래서 신앙의 승리자를 새 하늘과 새 땅에서 기둥으로 삼겠다는 말을 빌라델비아 성도들은 잘 이해 할 수 있었다.

왜냐하면 당시 빌라델비아는 잦은 지진으로 건물들이 폐허가 되었으나 파괴된 건물 가운데 유일하게 남아 있는 것은 신전의 돌기둥뿐이었다. 지진과 폐허 가운데 유일하게 남아 있는 신전 기둥을 본 빌라델비아 교인들에게 하나님이 거주하시는 하나님 성전의 기둥이 되게 하신다는 약속의 말씀은 마치 어떤 폐허 속에도 돌 기둥만은 꼿꼿하게 남아 있었던 같이 새 하늘과 새 땅에서도 그렇게 영원히 존재하게 하겠다는 약속이었기 때문이었다.

'성전의 기둥이 되게 한다'는 말씀은 성전과 기둥은 같은 운명 공동체라는 말이다. 왜냐하면 기둥이 무너지면 성전이 무너지기 때문이다. 다시 말해 이 성전이 계 21:22절을 보면 하나님이 성전이고 새 하늘과 새 땅이 곧 하늘 성전인데 이 성전(하나님.새 하늘과 새 땅)을 떠바치는 기둥이 성도들이라는 것이다. 그러므로 성전과 성전기둥은 운명공동체인 것이다. 그러므로 이 말은 신앙의 승리자는 새 하늘과 새 땅에서 하나님과 같이 영원히 함께하게 될 것이라는 말씀인 것이다.

그런데 여기서 성전의 기둥이 되겠다는 말씀이 '히에론'이 아닌 나오스로 되어있다. '히에론'은 헤롯 성전에서 훌다의 문으로부터 시작되어 지성소까지 포함하는 말인데 나오스는 오직 성전만을 말하는 말이다. 그런데 본 절의 성전은 히에론이 아닌 나오스이다. 히에론은 천국을 지칭하는 말이고, 나오스는 오직 아버지의 집인 새 하늘과 새 땅인 새 예루살렘만 뜻하는 말이기 때문이다.

명사 나오스(Homer 이래)는 나이오(거주하다, 살다)에서 유래했으며, 헬라어 초기에는 단지 거주지인 집을 의미하는 말이었으나, 주전500년 호머 이후에는 신의 거주지, 성전 혹은 이와 같은 곳의 가장 깊숙한 지역을 의미하였다. 알렉산더 대왕이후 헬레니즘 시대에는 신들을 위한 (장엄한) 건물을 언급하다가 신들의 거주지로서 하늘을 나오스로 묘사 하였다. 70인역에서는 나오스는 솔로몬 성전을 의미하는 말로 사용되었으나 신약성경에서는 성전과 성전의 전과 새 하늘과 새 땅을 의미하는 다양한 말로 해석되었다. 성전을 의미하는 말로 두 가지 단어가 사용된다. 나오스는 보다 전문적으로 성전을 가리키는 말이며, '히에론(2411)'은 '거룩한'을 뜻하는 형용사 '히에로스(2413)'의 중성으로서, 명사로 사용되어, 예루살렘 성전을 이루고 있던 여러 건물들을 통틀어 말할 때 사용되었다.

관용어적으로 신앙의 승리자에게 성전의 기둥을 삼겠다는 말은 새 하늘과 새 땅을 떠받치는 야긴과 보아스가 되게 하여 영원히 새 하늘과 새 땅에 거하게 하겠다는 말씀이다.

나의 새 이름과 새 예루살렘

계시록 3장 12절을 보면 "이기는 자는 내 하나님 성전에 기둥이 되게 하리니 그가 결코 다시 나가지 아니하리라 내가 하나님의 이름과 하나님의 성 곧 하늘에서 내 하나님께로부터 내려오는 새 예루살렘의 이름과 나의 새 이름을 그이 위에 기록하리라"하며 새 이름을 부여할 것이라 하는데 이름을 부여받는 것은 당시 빌라델비아 교인들에게 있어서 친숙한 것이었다. 빌라델비아는 지진으로 인해 폐허가 되었을 때 티베리우스의 도움으로 재건된 후 빌라델비아에서'네오가이사랴'라는 이름을 부여받았고 후에 베스파시안 황제의 성을 따라'플라비아'로 개명되었다(A.D. 70~79). 이러한 경험을 한 빌라델비아 교인들에게 나의 새 이름을 부여하신다고 말씀은 쉽게 이해 할 수 있는 말씀이었다.

그렇다면 본 절에서 말하는 "내가 하나님의 이름과 하나님의 성곧(정관사 '헤') 하늘에서 내 하나님께로부터 내려오는 새 예루살렘의 이름과 나의 새 이름을 그이 위에 기록하리라"는 말은 무슨 뜻일까? 계시록을 연구하시는 분들이 가장 난감해 하는 부분이 바로 새 예루살렘 이름과 나의 새 이름을 주신다는 말이다. 그러나 본 절을 해석할 중요한 단초가 본 절에 나오는데 그것은 바로 '곧'이라는 말이다. '곧'이라는 말을 일반적으로 헬라어로 연결할 때는 접속사 '카이'로 연결하는 것이 일반적인 해석인데 본 절에서 "곧"은 접속사가 아닌 "정관사 헤"로 되어 있다.

정관사는 일반적으로 앞의 것을 지정해서 다시 설명할 때 사용하는 문법으로 헬라어에는 부정관사가 없고 정관사만 존재하는데 '곧'이라는 말이 정관사로 되어 있다는 것이다. 이는 "하늘에서 내 하나님께로부터 내려오는 새 예루살렘의 이름과 나의 새 이름을 기록하리라"라는 말을 앞에서 이미 그것을 설명한 적이 있다는 뜻이다. 그런데 그 설명한 것을 다시 반복할 수 없기에 그것을 대명사처럼 정관사로 지칭하고 뒤에 말인 "하늘에서 내 하나님께로부터 내려오는 새 예루살렘의 이름과 나의 새 이름"을 다시 설명한 것이다. 그러므로 앞에서 이미 지칭했던 그 특정한 내용은 바로 "하나님의 이름과 하나님의 성"을 말하는 것이다. 그러므로 본 절의 '하나님의 이름'은 뒤에 '나의 새 이름'을 뜻하는 말이고, '하나님의 성'은 뒤에 '새 예루살렘'을 의미하는 말인 것이다.

또한 "하나님의 이름"은 구약에서 여호와가 하나님의 이름이었는데 '나의 새 이름'이라 함으로 새 이름은 예수인 것이다. 왜냐하면 구약의 하나님의 이름은 여호와이고 새 이름은 예수이기 때문이다. 정확하게 구약의 하나님의 이름을 말하면 하나님의 '호'인 여호와를 말하고 신약의 새 하나님의 이름은 예수인 것이다. 만약 구약의 하나님의 이름이 여호와였으면 신약에 예수님의 이름이 여호와로 나와야 하며 또한 신약에 여호와라는 말이 나와야 하는데 한번도 나오지 않음으로 이는 구약의 '여호와'라는 이름은 '호'에 지나지 않았던 옛 이름임을 말하는 말이고, 신약의 예수의 이름은 하나님의 이름인 것이다. 이는 예수님이 하나님이신데 그분의 이름이 예수이기에 신약의 새 하나님의 이름은 예수인 것이다.

또한 '하나님의 성'은 뒤에 '새 예루살렘의 이름'이라 하는데 이는 구약의 하나님의 성이 예루살렘이었음을 말하는 말이고 뒤에 '새 예루살렘'이라 한 것은 새 하늘과 새 땅에 새로 건축된 예루살렘이기에 새 예루살렘이라 하는 것이다(정확하게 말하면 새 하늘과 새 땅을 다른 이름으로 새 예루살렘이라 한다).

그런데 본 절을 보면 '새 예루살렘'이라고 나오지 않고 '새 예루살렘의 이름'으로 나옴으로 앞의'하나님의 성'과 뒤에 나오는 '새 예루살렘'이 다른 것으로 아는데 그러나 헬라어 원문을 보면 '카이 토 오노마 테스 폴레오스 투 데우 무, 테스 카이네스 이에루살렘'으로 되어 있는데 그런데 여기서 '카이(과) 토 오노마(이름) 테스 폴레오스(성) 투 데우(하나님) 무(나의), 테스 카이네스(새) 이에루살렘(예루살렘)'이란 말은 '나의 하나님의 성의 이름', '그 새 예루살렘'으로 되어있다. 우리 성경에서는 '새 예루살렘'에'이름'이라 말이 뒤에 나오는데 원어에서는 '새 예루살렘'만 나오지 이름은 나오지 않고 있다. 그러므로 이 말은 뒤에'새 예루살렘의 이름'이라는 말이 새 하늘과 새 땅에 있는 새 예루살렘이 새로운 이름을 가졌다는 말이 아니라 앞에 있는 '하나님의 성이라는 이름'을 가졌던 지상의 예루살렘이 새 하늘과 새 땅에서도 역시 하나님의 성으로 그 이름은 동일하게 '예루살렘'으로 불리게 될 것이라는 말이다. 이는 '지상의 예루살렘'이라는 이름은 옛 이름이고, 새 하늘과 새 땅에 있는 예루살렘이라는 이름은 새로 건축 되었기에 새 예루살렘이라는 뜻으로 예루살렘에 수식어 "새"자를 붙인 것이다.

관용어적으로 나의 새 이름이란 예수라는 이름을 말하는 말이고, 새 예루살렘의 이름이란 새 하늘과 새 땅의 이명(다른 이름)이며 새로 지어지었기에 새 예루살렘이라 하는 것이다.

새 예루살렘이 내려온 이유와 높은 산에 올라간 이유

계시록 3장 12절을 보면 "이기는 자는 내 하나님 성전에 기둥이 되게 하리니 그가 결코 다시 나가지 아니하리라 내가 하나님의 이름과 하나님의 성 곧 하늘에서 내 하나님께로부터 내려오는 새 예루살렘의 이름과 나의 새 이름을 그이 위에 기록하리라"하며 새 예루살렘이 하나님으로부터 하늘에서 내려 온다고 하고 있고, 계 21:10절을 보면 "성령으로 나를 데리고 크고 높은 산으로 올라가 하나님께로부터 하늘에서 내려오는 거룩한 성 예루살렘을 보이니"하며 하나님께서 요한을 높은 산으로 데리고 올라가셔서 하늘에서 내려오는 새 예루살렘을 보이셨다고 하고 있고, 겔 40:2절을 보면 "하나님의 이상 중에 나를 데리고 이스라엘 땅에 이르러 나를 매우 높은 산 위에 내려놓으시는데 거기에서 남으로 향하여 성읍 형상 같은 것이 있더라"하며 환상중에 에스겔을 데리고 이스라엘 땅의 높은 산으로 데리고 가셨다고 하고 있고, 계 17:3절을 보면 "곧 성령으로 나를 데리고 광야로 가니라 내가 보니 여자가 붉은 빛 짐승을 탔는데 그 짐승의 몸에 하나님을 모독하는 이름들이 가득하고 일곱 머리와 열 뿔이 있으며"하며 성령께서 요한을 데리고 광야로 가셨다고 하고 있는데 이는 표현만 다를 뿐 다 같은 내용이다.

여기서 요한이 '높은 산'에서 '거룩한 성 예루살렘'을 바라보는 것은 에스겔이 높은 산에서 본 성전 환상을 반영한 것으로(겔 40~48장). 에스겔서에서 말하는 높은 산은 시온산을 말하고 에스겔이 본 성전은 스룹바벨 성전을 말하기도 하지만 궁극적으로 천국왕국때 지어질 새 예루살렘 성전을 말한다. 그러나 요한이 본 새 예루살렘은 천년왕국때의 성전이 아닌 새 하늘과 새 땅의 새 예루살렘을 본 것이다.

계 17:3절과 계 21:10절을 보면 "성령으로 나를 데리고"라고 되어 있는데 이를 에스겔 40:2절을 보면 "하나님의 이상 중에 나를 데리고"하며 '이상 중에'라고 되어 있는데 이 말은 히브리어 '마르아'라 해서 '환상'으로 되어있다. 그러므로 성령이 나를 데리고 갔다는 말은 실제상황이 아닌 환상이라는 뜻이다. 즉 환상 중에 보았다는 말이다. 이렇게 성령께서 환상 중에'나를 어느 곳에 오르게 한다든가 또는 무엇이 내려온다든가'하는 일은 얼마든지 가능한 일이다.

그런데 이렇게 높은 산에 오른다든가 내려온다든가 하는 환상을 보여 주신·이유는 그 이후 진행되는 말씀에서 그 부분을 디테일(구체적으로)하게 보여주고 설명해 주시겠다는 뜻이다. 우리가 높은 곳에 올라 밑을 내려다보면 구체적으로 속속들이 다 보이는 것 같이 높은 산인 시온산에 올라가 예루살렘을 전경을 내려다 보면 예루살렘이 다 내려다보이게 되어 있는 것이다. 이는 마치 남산에 올라가 서울을 내려다보면 서울 시내가 한 눈에 들어오는 것과 같은 이치이다. 그러므로 예루살렘이 내려온다든가 또는 높은 산에 올라간다든가 또는 광야로 간다든가 하면 이는 그 다음 진행되는 말씀들의 내용은 내려다본 예루살렘이나 내려온 예루살렘이나 광야에 대하여 자세히 설명한다는 뜻이다. 이렇게 요한이 계 3:12절에서 하늘에서 새 예루살렘이 내려오는 것을 보았기에 계 4~5장은 요한이 본 그 새 예루살렘에 대한 구체적인 내용이 설명되고 있는 것이다. 그런데 그 내려온 성전에서 4~5장을 보면 천상예배가 드려지고 있었다. 이것을 보여주기 위해 새 예루살렘이 하늘에서 내려왔던 것이다. 이 부분은 저의 책 계 21:2절을 반드시 참고하라

또한 계 17:3절에서 요한이 광야에서 "여자가 붉은 빛 짐승을 탄 것을 보았기"에 이후 진행되는 계 17~18장에서 요한이 본 여자가 탄 붉은 빛 짐승들에 대한 이야기가 나오고 있는 것이고, 또한 계 21:10절에서 요한이 높은 산에 올라가 하늘에서 내려오는 새 예루살렘을 보았기에 이후 진행되는 계 21~22장에서 요한이 본 새 예루살렘에 대한 내용들이 디테일하게 나오고 있는 것이다.

혹자는 진짜로 새 예루살렘이 내려온 것으로 해석 하는데 실제적으로 새 예루살렘은 내려 올 수 없고 본 절에서는 단지 천년왕국때 예루살렘이 천년왕국의 수도가 될 것을 말하는 말이지만 계21:2절에서는 내려올 우주 조차 없기에 새 예루살렘이 내려 올래야 내려 올수 조차도 없는 것이다. 이는 단지 좀전에 설명한 것 같이 새 예루살렘을 디테일하게(계 21:10) 설명하기 위해 내려왔다고 한 것이다. 왜냐하면 계 21:1절을 보면 "또 내가 새 하늘과 새 땅을 보니 처음 하늘과 처음 땅이 없어졌고 바다도 다시 있지 않더라"하며 이미 우주 자체가 없어졌다고 하고 있기 때문이다. 이렇게 우주가 없는데 어떻게 새 예루살렘이 지구에 내려 올 수 있겠는가?

관용어적으로 요한이 본 높은 산은 시온산을 말하고, 이렇게 높은 산에 오른 이유는 그 내려다 본 부분을 앞으로 구체적(디테일하게)으로 설명하겠다는 뜻이다.

라오디게아 교회

계시록 3장 14절을 보면 "라오디게아 교회의 사자에게 편지하라 아멘이시오 충성되고 참된 증인이시오 하나님의 창조의 근본이신 이가 이르시되"하며 라오디게아 교회가 나오는데, 라오디게아는 지금의 터키 '에스키핫살'인데 빌라델비아 동남쪽 약 72km, 에베소에서 동쪽으로 약 160km 지점에 위치한 도시로서 라이커스 계곡에 있는 여러 도시들 중 하나이다. 또한 맞은편으로 10km 지점에는 히에라볼리가 약 14km 지점에 골로새가 위치해 있었는데 이 세 곳은 바울 서신에서 밀접한 관련이 있는 곳이다(골 4:13,16). 이곳의 특징은 교통의 요충지였을 뿐만 아니라 모직물 공업의 중심지였으며 '브루기아 가루'마 알려진 안약과 의학교가 있었다. 또한 활발한 금융 거래로 풍요로운 생활을 누렸다. 그러나 이곳은 물 사정이 좋지 않아 히에라볼리와 골로새로부터 항상 수로를 이용해 물을 공급받아야 했다. 한편 라오디게아 교회는 에바브라가 설립하였으며(골 4:12,13) 골로새 교회와 함께 바울이 지도하였다.

라오디게아 교회는 교회사적으로 볼 때는 1900년대에서 주님 오시기 전까지의 시대를 상징하는 교회로 우리가 살고 있는 지금 이 시대를 말한다. 지금 시대는 자유주의 신학의 발달로 인권이 중요시 되는 시대가 되어 근본주의 신학이 그 토대를 잃어가며 라오디게아 교회처럼 차지도 아니하고 뜨겁지도 아니하고 부유한 시대이다. 라오디게아라는 말은 헬라어 '라오스(백성, 민중2992)'라는 말과 '디케(공의, 정의, 옳은1349)'라는 말의 합성어로 "민중이 옳다"는 뜻으로 민중의 생각이 목회자의 생각보다 옳다는 말로 라오디게아 교회는 한마디로 민권교회라는 뜻으로 민중인 평신도가 목회자의 권한보다 큰 시대라는 뜻이다. 그래서 민중(성도)에 의해 좌지우지 되었던 교회가 라오디게아 교회였는데 이는 마치 현재 우리가 살고 있는 교회의 모습을 보는 듯하다. 그래서 라오디게아 교회를 교회사적으로 현대 교회라 하는 것이다.

그런데 라오디게아 교회에 나타나신 주님의 모습을 보면 "아멘이시오 충성되고 참된 증인이시오 하나님의 창조의 근본이신 이가 이르시되"하며 나타나셨는데 이는 라오디게야 교회가 얼마나 말씀을 믿지 않고 순종하지 않았다면 하나님께 예수님이 '아멘'하고 순종했던 같이 너희들도 제발 '아멘'하고 순종 하라고 아멘으로 나타나신 것이며, 또한 라오디게아 교인들이 얼마나 불충(열심)했으면 예수님이 하나님께 목숨을 다해 충성한 것 같이 너희들도 '충성'하라고 충성으로 나타나신 것이며, 또한 얼마나 전도하지 않았으면 목숨을 걸고 전도하라고 증인(말튀스)으로 나타나신 것이며, 또한 얼마나 창조주를 믿지 않았으면 주님이 라오디게아 교인들에게 하나님과 함께 천지를 창조하신 창조주로 나타나신 것이다. 이렇게 라오디게아 교인들은 성경이나 목회자의 말보다는 민주주의인 다수의 의견을 중요하게 생각했던 교회였던 것이다. 그래서 주님이 너무 답답해 제발 말씀을 근본주의적(말씀을 문자적으로 믿는 것)으로 믿으라고 아멘과 충성된 증인으로 나타나셨던 것이다.

여기서 '아멘이시오'라는 말은 헬라어 '호 아멘'으로 문자적으로 '아멘인 자'를 의미하는데 때로는 믿음으로 해석 되기도 한다. '아멘'은 '진실로, 그러하도다'라는 뜻을 가진 동사적 형용사로 히브리어 아멘의 음역인데, 히브리어 아멘은 아만에서 유래되었는데 아만은 칼형으로 '확증하다, 지지하다, 뒷받침하다'를 뜻하고, 니팔형으로 '확립되다, 신실하다, 확실하다, 믿을 만하다'를 뜻하며, 히필형으로 '확고하다고 알다, 믿다, 확신하다'라는 의미를 가지고 있다. 따라서 아멘의 의미는 '확실한, 확고한, 신실한, 진실한' 이라는 의미로 믿음이란 뜻을 가지고 있다. 또한 이 아멘이 반복 용법으로 진실로(아멘) 진실로(아멘)로 나오면 최상급의 의미를 가지는데 이는 복음서를 보면 주님이 '진실로 진실로 너희에게 이르노니'할 때 진실로 진실로가 아멘 아멘으로 되어 있다.

또한 "하나님의 창조의 근본이신 이가 가라사대"라는 말은 헬라어로 '헤 아르케 테스 크티세오스 투 데우'로 되어 있는데 이 말을 아리우스(예수님도 피조물이라고 주장하는 자들로 지금의 여호와 증인의 시초가 된다) 파들은 "창조의 시초"로 해석을 해 예수님도 피조물이라 주장 하는데 여기서 '아르케'라는 말이 시작을 의미하는 시초로도 해석이 되지만 모든 창조물의 최고의 근원을 나타내는 말로 해석이 된다(골 1:18). 다시 말해 모든 창조물을 창조하신 근원이 되신다는 뜻으로 '알파와 오메가'중 창조하신 '알파(요 1:3)'에 해당하는 의미로도 쓰인다는 것이다.

고대 헬라어에서 명사 아르케(Home이래=주전 500년)는 호머 이래로 헬라 철학에서 중요한 용어중 하나이다. 왜냐하면 고대 철학의 시작은 그리스의 철학자'탈레스'에서 출발을 했는데 탈레스는 만물의 근원이"물"이라 했는데 이 말은 다시 말해 만물의 시작이 '물'이라는 뜻이다. 왜냐하면 '아르케'라는 단어의 뜻이 '시작, 처음, 첫번째, 근원, 원인, 시점, 기점'이란 뜻을 가지고 있기 때문이다. 그러므로 우주 만물이 처음 시작된 것은 물로부터 시작 되었다는 것이다. 이는 창조론을 부인하는 진화론적 발상인 것이다. 이렇게 고대 철학에서도 '아르케'라는 용어는 중요했던 것이다. 그런데 이 단어가 이렇게 만물의 시작이나 또한 어떤 것의 시작 즉 시간의 시작, 어떤 족보의 시작을 의미하는 용어로도 쓰이지만 이 말씀이 하나님과 결부 되면 이는 영원한 시작을 말하는 말로 근원을 알 수 없는 시작을 의미하는 말로 쓰인다(요 1:1). 즉 무한한 시작을 말하는 말로 쓰이는 것이다. 본 절에서는 하나님과 함께 창조하신 천지 창조의 근원으로 해석해야 한다.

관용어적으로 라오디게아 교회는 인권이 신권보다 강한 교회를 말한다.

차지도 아니하고 뜨겁지도 아니하도다

계시록 3장 15절을 보면 "내가 네 행위를 아노니 네가 차지도 아니하고 뜨겁지도 아니하도다 네가 차든지 뜨겁든지 하기를 원하노라"하며 '차지도 아니하고 뜨겁지도 아니하도다' 하고 있는데 여기서 '차다'는 것은 라오디게아의 물 사정이 좋지 않아 약 16km 떨어진 골로새로부터 냉수를 공급받는 사실을 염두해 두고 한말이고 '뜨겁든지' 하라는 말은 인접한 히에라볼리의 온천수를 염두해 두고 한 말이다. 그리고 '네가 차지도 아니하고 뜨겁지도 아니하도다'는 말은 히에라볼리로부터 끌어온 온천수와 골로새로부터 수로를 통해 가져온 찬물을 공급받는 과정에서 물이 미지근하게 되었는데 바로 이 물을 말하는 말이다.

본 절에서 "차다"라는 말은 복음에 관심이 없고, 복음을 받아들이지 않고, 냉랭하고, 무관심하고, 오히려 하나님을 대적하는 자들을 말하는 말이고, '뜨겁다'는 말은 신앙생활을 정열과 열정을 가지고 적극적으로 하는 성도를 말하는 말이고, '차지도 아니하고 뜨겁지도 아니하도다'라는 말은 쉽게 말해 적군도 아니고 아군도 아닌 애매모호한 상태를 뜻하는 말로 마귀에게 속하지도 않고 하나님께 속하지도 않은 신앙생활을 말하는 말로 신앙의 중간지대, 영계의 중간지대에서 신앙 생활하는 신자들을 말하는 말이다. 그런데 중요한 것은 이렇게 영계의 중간지대에서 신앙 생활 하는 자들은 하나님께 속한 것이 아니라 마귀에게 속한 것이라는 것이다. 유대인의 격언중에 '적당히 어리석은 자는 완전히 어리석은 자보다 더 어리석다'라는 말이 있는 것 같이 신앙의 중간지대에 있는 사람은 마귀보다 더 나쁜 존재들인 것이다.

관용어적으로 '네가 차든지 뜨겁든지 하기를 원하노라'는 말씀은 적군인지(마귀에게 속했는지) 아군인지(하나님께 속했는지) 너의 정체성을 밝히라는 말이다.

토하여 버리리라

계시록 3장 16절을 보면 "네가 이같이 미지근하여 뜨겁지도 아니하고 차지도 아니하니 내 입에서 너를 토하여 버리리라"하고 있는데 실제로 라오디게아 사람들은 히에라볼리로부터 끌어온 온천수와 골로새로부터 수로를 통해 가져온 찬물을 공급받는 과정에서 물이 미지근하게 됨으로 식수로 사용하기에는 부적합하여 마시는 자마다 실제로 토하여 버렸다. 신앙 생활에서 "미지근하여 뜨겁지도 아니하고 차지도 아니한" 신앙 생활이란 군중(성도)속에 숨어 봉사와 헌신도 하지 않고 몰래 신앙생활 하는 성도를 말한다.

'토한다'는 말은 너무 맛이 없거나 역겨운 것을 먹었을 때 하는 행위로 뜨겁지도 아니하고 차지도 아니한 신앙 생활은 마귀보다 더 가증스러운 존재임으로 역겨워 거부하고 그들을 내친다는 말이다. 그런데 여기서 내친다는 말은 천국에 갈 수 없다는 말이 아니라 공중 재림에 참여하지 못하고 영원히 주님과 함께 왕 노릇하는 곳인 새 하늘과 새 땅에 가지 못한다는 말이다.

관용어적으로 토하여 낸다는 말은 공중 재림에 참여하는 것을 거부한다는 말이다.

벌거벗은 임금님

계시록 3장 17절을 보면 "네가 말하기를 나는 부자라 부요하여 부족한 것이 없다 하나 네 곤고한 것과 가련한 것과 가난한 것과 눈 먼 것과 벌거벗은 것을 알지 못하는도다"하며 부유하여 부족한 것이 없다고 하는데 실제로 라오디게아 지역은 금융업이 발달해 물질적으로 매우 부유한 도시였다. 그로 인해 라오디게아 교회에도 상당한 부자들이 있었고 성도들도 전반적으로 부유했다. 그래서 '부요하여'에 해당하는 헬라어 '페플루테카'는 현재 완료형으로 이제 완전히 부요한 상태에 도달했다고 되어있다. 이는 라오디게아 성도들이 스스로가 부요하여 더 이상 바랄 것이나 부족한 것이 없다고 생각할 정도로 상당히 부요했다는 말이다.

이와 같이 라오디게아 교회 성도들은 부유의 척도를 구약의 물질의 척도로 보아 물질적 부유를 영적 부유의 척도로 착각했던 것이다. 그들은 암몬주의에 빠져 물질적으로 부유했으나 사슴이 시냇물을 찾아 갈급한 것 같이 주님을 찾아 갈급한 심령은 부유하지 못했던 것이다.

여기서 부요하다는 말의 '페플루테카'는 현재 완료형인데 이 말은 직설법 과거 능동태인 '플루테오', '물질이 많아지다'에서 유래가 되었는데 이 플루테오는 '플레오4130', '가득 채우다'에서 유래가 되었다. 그러므로 '페플루테카'는 과거로부터 부유했는데 지금에 와서는 완전히 부유한 상태를 말하는 말이다. 이렇게 라오디게아 교회 성도들은 예수 믿고 부유함이 넘쳤는데 이는 복이 아닌 영적인 저주였던 것이다.

'네 곤고한 것과 가련한 것과' 하고 있는데 여기서 '곤고한 것'이란 말의 헬라어는 '탈라이포로스', '비참한, 불행한, 영적인 시련'이란 뜻을 가지고 있는데 이는 '틀라오(참다5007)' + '페이로(찌르다. 꿰뚫다 4008)'라는 말이 합성된 말로 '찌르는 고문을 참는 것'을 말하는 말인데 이 '곤고한'이란 말은 전쟁으로 인해 모든 것이 파괴되고 약탈당했기 때문에 생활의 어려움과 육체적으로 찌르는 고문을 참는 것과 같은 상태를 말하는 말이다. 또한 그들을 가리켜 가련하다고 했는데 이는 '엘레에이노스', '측은한, 불쌍한'이란 뜻을 가지고 있는데 이는 전쟁으로 인해 육체와 물질이 약탈당했기에 참으로 측은하고 불쌍한 상태라는 것이다. 이렇게 라오디게아 교인들은 육적으로는 부유했지만 영적 상태는 물질적 부와 정반대로 불쌍하기 짝이 없는 상태였던 것이다.

또한 '가난한 것과 눈먼 것과 벌거벗은 것을 알지 못하느냐' 하고 있는데 여기서 '가난'은 라오디게아인들이 금융업이 발달할 정도로 물질적인 부를 축적한 것과는 달리 영적으로는 그리스도를 섬길 수 없는 상태 곧 하나님과 그리스도에 대해 알지 못하고 있음을 나타내며, '눈먼 것'은 라오디게아에 특수한 안약과 의학교가 있었던 것과는 달리 영적 시각 장애자로 분별력을 잃은 것을 의미하고, '벌거벗은 것'

은 라오디게아의 질 좋은 검정색 양모(양털의 옷, 지금으로 하면 모피)가 유명했던 것과는 달리 그들이 영적으로 벗은 모습임을 시사한다.

관용어적으로 "네가 말하기를 나는 부자라 부요하여 부족한 것이 없다 하나 네 곤고한 것과 가련한 것과 가난한 것과 눈 먼 것과 벌거벗은 것을 알지 못하는도다"라는 말은 전례동화의 벌거벗은 임금처럼 라오디게아 교인들은 영적으로 벌거벗었음에도 불구하고 벌거벗은 줄 모르고 자신들이 지금 신앙의 표본이라고 착각하며 신앙 생활하고 있다는 뜻이다.

육으로 난 라오디게아 성도들

계시록 3장 18절을 보면 "내가 너를 원하노니 내게서 불로 연단한 금을 사서 부요하게 하고 흰 옷을 사서 입어 벌거벗은 수치를 보이지 않게 하고 안약을 사서 눈에 발라 보게 하라"하고 있는데 이는 17절과 같이 라오디게아에서 유명하고 풍부했던 것을 예로 들어 그들의 영적 무관심에 대해 권면하는 장면이다.

'내게서 불로 연단한 금을 사서 부요하게 하고'있는데 금은 얼마나 제련(연단=열을 통해 광석으로부터 금속을 추출하는 것)을 잘 했느냐 따라 순금의 정도가 달라진다. 다시 말해 시련을 많이 겪은 금만이 순금이 되는 것이다. 이와 같이 신앙의 승리도 불같은 연단인 시련을 통과해야 비로소 금 같은 믿음을 가질 수 있는 것이다. 그러므로 고난이

온다고 자주 말을 바뀌어 타지 말고 한 말만 타고 그 시련을 통과해 영적으로 순금이 되라는 말이다. 금은 관용어적으로 부귀를 상징하는 것으로 이는 영적으로 부요해 지라는 말이다.

'흰 옷을 사서 입어 벌거벗은 수치를 보이지 않게 하라' 하고 있는데 이는 '라오디게아' 지역이 고급 광택 있는 검은 양모(고급 모피) 생산지로 유명했기에 이 옷을 비유로 예수님의 '흰옷'을 설명하는 것이다. 우리가 세탁기에 빨래를 할 때 세제를 넣으면 마치 도깨비 방망이처럼 어떤 옷이든 깨끗하게 되는 것 같이 예수님의 피는 마치 도깨비 방망이 같은 세제라는 것이다. 그래서 어떤 더러운 옷이라도 예수님의 피라는 세제를 넣고 빨래를 하게 되면 거짓말처럼 모든 옷이 다 흰옷으로 된다는 것이다. 그러므로 영적으로 벌거벗은 임금님 같이 양모 모피를 벗어버리고 흰옷을 입어 영적으로 수치스럽게 벌거벗은 것을 가리라는 말이다. 참고로 말하면 흰옷은 공중잔치나 천국의 관복이다.

'안약을 사서 눈에 발라 보게 하라' 하고 있는데 이는 라오디게아 지역은 의학이 발달 하였는데 그 중에서 특히 안과 대학이 유명하였다. 그래서 라오디게아 교인들은 육적인 눈이 밝아 사업에 투자를 하면 돈을 잘 벌어 부유해졌지만 그러나 영적인 것과 신령한 것을 보는 눈은 소경이었다. 그러므로 이제 육적인 눈이 좋은 것 같이 영적인 눈도 성령의 할례를 받아 밝아지라는 것이다.

관용어적으로 "내가 너를 원하노니 내게서 불로 연단한 금을 사서 부요하게 하고 흰 옷을 사서 입어 벌거벗은 수치를 보이지 않게 하고 안약을 사서 눈에 발라 보게 하라"는 말은 물과 성령으로 거듭나 영적인 사람이 되라는 말이다.

회개가 먼저인가 주님을 사랑하는 것이 먼저인가

계시록 3장 19절을 보면 "무릇 내가 사랑하는 자를 책망하여 징계하노니 그러므로 네가 열심을 내라 회개하라"하고 있는데 여기서 사랑이라는 말이 인류를 보편적으로 사랑하는 '아가페'가 아닌 '필레오'인 친구 관계에서 우정적인 사랑이라는 말을 쓰고 있다.

그래서 많은 분들이 왜 아가페가 아닌 필레오로 썼는지 궁금해 하는데 필레오가 친구간의 사랑으로 비밀이 없는 관계적 사랑을 말하는 말이기에 주님이 라오디게아 성도들에게 필레오를 썼다는 것은 비밀이 없는 관계가 되었으면 해서 필레오를 쓴것이다. 그러므로 본 절에서 필레오로 썼다는 것은 라오디게아 성도들에게 주님은 은연중에 너희들이 나와 막힌 담이 있는데 그것을 허물고 나와 비밀이 없는 친밀한 관계가 되었으면 한다하고 제안하고 있는 것이다.

'그러므로 네가 열심을 내라 회개하라'하고 있는데 본 절을 많은 학자들은 내용이 도치된 것이라 하는데 그렇지 않다. 왜냐하면 일반적으로 말할 때 즉 불신자들에게 말할 때는 언제나 열심보다 회개를 먼저 말한다. 그래서 침례요한도 예수님을 믿지 않았던 이스라엘 사람들에게 "회개하라 천국이 가까워졌다"라고 하신 것이다. 이렇게 불신자에게 말할 때는 회개가 먼저이지만 그러나 기존 신자에게 말할 때는 회개보다 열심을 먼저 말하는 것이 정상이다. 왜냐하면 이미 그들은 원죄에 대한 회개를 했기 때문이다. 그러므로 그들에게 남아 있는 회개는 생활에서의 회개인 자범죄의 회개만 남아 있는 것이다. 그래서 본절에서는 회개보다 열심을 먼저 말하고 있는 것이다.

여기서 '열심을 내라'는 말은 헬라어로 '젤류에'인데 이는 현재 명령형으로 이 말은 '끓는'이라는'제스토스'와 같은 뜻인데 이 '젤류에'는 '뜨겁다'라는 말의 '제오'에서 유래되어 뜨겁게 주님을 사랑하는 것을 뜻하는 말이다. 그러므로 열심을 내라는 말씀은 주님을 뜨겁게 눈물로 사랑하며 신앙생활을 하라는 말씀인 것이다. 그래서 본 절에서는 이렇게 주님을 뜨겁게 사랑하는 것이 회개하는 것 보다 더 중요하다고 하고 있는 것이다. 왜냐하면 자범죄를 계속 회개하는 사람은 바른 성도가 되지 못하고 또 죄를 범하지만 주님을 열정적으로 사랑하는 사람에게는 변화인 성화가 찾아오기 때문이다. 그래서 본 절에서 회개보다 열심을 더 중요시 여기는 것이다. 이렇게 라오디게아 성도들에게 회개보다 열심을 먼저 말한 이유는 그들은 이미 초신자가 아닌 기존 신자이기에 회개보다 주님을 열정적으로 사랑하는 것이 더 중요하기 때문이었다.

관용어적으로 "무릇 내가 사랑하는 자를 책망하여 징계하노니 그러므로 네가 열심을 내라 회개하라"는 말은 회개보다 나를 사랑하는 것이 더 중요하다는 뜻이다.

문 밖에 서서 두드리노니

계시록 3장 20절을 보면 '볼지어다 내가 문 밖에 서서 두드리노니 누구든지 내 음성을 듣고 문을 열면 내가 그에게로 들어가 그와 더불어 먹고 그는 나와 더불어 먹으리라'하고 있는데 여기서 문은 하늘의 문을 말하는 것이 아니라 인간의 마음의 문을 말하는 말로 이 문의 특징은 문고리가 밖에는 없고 안에만 있다는 것이다. 그래서 이 마음의 문을 여는 것은 본인의 자유의지가 아니면 열수가 없다는 것이다. 하나님은 불신자의 마음의 문을 전도자를 통해 두드리시고 또한 라오디게아 교회 성도들처럼 믿지만 물과 성령으로 거듭나지 못한 성도들에게는 물과 성령으로 거듭나도록 끊임없이 목회자들을 통해 마음의 문을 두드리시고, 종말에는 주님 맞을 준비를 하라고 두드리시는 것이다.

그런데 여기서 '서서 두드리노니'라는 말의 헬라어적 표현은 '헤스테카 크루오'인데 '서서'라는 말은 '헤스테카'로 현재 완료형으로 이미 오셔서 준비가 완료된 상태를 의미하는 말이고, '두드리노니'라는 말은 '크루오'로 현재형으로 계속 두드리는 것을 말하는 말로 '헤스테카 크루오'는 주님이 이미 과거에 곁에 오셔서 서계시면서 지금까지 계속해서 마음의 문을 두드리시고 계시다는 뜻이다. 라오디게아 교회는 믿는 자들이었기에 마음의 문을 두드리시되 물과 성령으로 거듭나 성령의 사람이 되라고 두드리고 계시는 것이다.

"그와 더불어 먹고 그는 나와 더불어 먹으리라" 말씀하고 계시는데 이는 이스라엘에서 기쁨의 잔치에 대한 관용어로 눅 15:23절을 보면

"그리고 살진 송아지를 끌어다가 잡으라 우리가 먹고 즐기자(32절)" 하며 탕자의 비유에서 나오는 말로 친밀한 교제를 말하는 말이다. 여기서 '먹고'라는 말은 헬라어로 '데이프네소(만찬. 식사)'는 교제를 나누며 즐기는 식사를 가리킨다. 이렇게 라오디게아 교인들이 마음의 문을 열고 물과 성령으로 거듭나서 열심히 주님을 사랑하면 그들과 더불어 교제를 나누시며 친밀한 관계를 이루신다는 말이다. 다시 말해 우리가 주님을 물과 성령으로 거듭나서 주님을 사랑하면 주님은 우리 속에서 만찬을 베푸신다는 것이다. 그런데 그 만찬인 잔치가 바로 친밀한 교제라는 것이다. 물론 후에 공중혼인 잔치에 참여해 만찬을 즐기는 것은 당연한 권리이다.

관용어적으로 "볼지어다 내가 문 밖에 서서 두드리노니 누구든지 내 음성을 듣고 문을 열면 내가 그에게로 들어가 그와 더불어 먹고 그는 나와 더불어 먹으리라"라는 말씀은 마음의 문을 열고 물과 성령으로 거듭나면 내가 너희 속에 들어가 친밀한 교제를 나눈다는 말이다.

보좌에 함께 앉게 하리라

계시록 3장 21절을 보면 "이기는 그에게는 내가 내 보좌에 함께 앉게 하여 주기를 내가 이기고 아버지 보좌에 함께 앉은 것과 같이 하리라"하며 신앙의 승리자에게 보좌에 앉게 해 주신다고 하고 있는데 여기서 보좌란 왕과 통치자와 같은 권위를 가진자가 앉는 자리를 말하고, 보좌에 앉았다는 말은 왕이 되거나 통치자가 되었다는 말로 명예와 영광과 위엄의 자리에 오른 것을 말한다. 한마디로 보좌란 하나님의 통치권을 말하는 말인데 계시록에서 보좌가 나오면 이는 하나님의 심판을 의미하는 말로 쓰이고 있다.

"내가 내 보좌에 함께 앉게 하여 주기를 내가 이기고 아버지 보좌에 함께 앉은 것과 같이 하리라"는 말씀은 예수님께서 자신이 하나님 아버지의 보좌에 앉음으로 왕적인 지위를 누리시는 것처럼 승리자에게도 그와 동일하게 권세를 허락해 주시겠다고 뜻이다. 이 말은 예수님과 함께 우리가 영원히 새 하늘과 새 땅에서 왕 노릇하게 된다는 말이다(계 1:6,9 ; 계 2:26,27 ; 계 5:10 ; 계 20:4~6 ; 눅 22:28~30 ; 롬 8:17 ; 딤후 2:12).

한편 '보좌에'에 해당하는 헬라어 '엔 토 드로노'에는 '위에'를 의미하는 전치사 '에피'가 아니라, '안에'를 의미하는 '엔'이 사용 되어 단순히 보좌에 앉는 것뿐 아니라 그 이상의 명예와 권세를 말하는 것으로 이는 영원히 주님과 함께 왕 노릇 하는 것을 시사하는 말씀인 것이다. 여기서 명사 드로노스(Homer 이래)는 현재는 사용되지 않는 드라오(앉다,놓다)에서 유래했으며, '왕좌,보좌'를 의미한다.

관용어적으로 "이기는 그에게는 내가 내 보좌에 함께 앉게 하여 주기를 내가 이기고 아버지 보좌에 함께 앉은 것과 같이 하리라" 본절의 보좌는 주님이 아버지와 함께 왕 노릇 하시는 것 같이 우리도 역시 주님과 함께 장래에 영원히 왕 노릇 하는 것을 말하지만 보좌의 본래적

의미는 하나님의 통치권을 말하는 말이고, 특별히 계시록에서 보좌가
나오면 이는 하나님의 심판을 의미하는 말로 쓰이고 있다.

퍼즐 레마 성경 공부

오흥복 목사의 저서 시리즈

헬라어적 관점과 역사론적 관점과 관용어적 관점으로 본
하존 요한 계시록 1권(계1-계3장 까지)
헬라어적 관점이란 개정성경의 각 장의 요절들을 헬라어로 쉽게 해석했다는 말이며 또한 헬라어의 유래를 찾아 헬라어가 어떻게 변했는지 쉽게 설명하고 있다는 말입니다. 또한 역사론적 관점이란 요한 계시록을 역사론적으로 해석하고 있다는 말이며, 관용어적 관점이란 요한 계시록이 관용어로 연결되어 있는 것을 관용어를 찾아 설명하고 있다는 말입니다. (가격 11,000원)

헬라어적 관점과 역사론적 관점과 관용어적 관점으로 본
하존 요한 계시록 2권 (계4-계8장 까지)
요한 계시록은 관용어로 기록되어 있는데 이 관용어를 히브리어로 마샬이라 하는데 마샬을 다른 말로 하면 잠언이란 뜻입니다. 예수님의 비유를 헬라어로 파라볼레라 하는데 이 파라볼레의 유래가 마샬로 되어있습니다. 이 마샬을 쉽게 해석하면, 관용어, 속담, 격언이란 뜻입니다. 그런데 계시록이 바로 이 관용어인 마샬로 연결되어 있다는 것입니다. 그러므로 본 책을 보시면 계시록을 기록할 당시 요한이 이 관용어를 어떻게 사용해서 계시록을 기록했는지 알 수 있게 됩니다. (가격 11,000원)

헬라어적 관점과 역사론적 관점과 관용어적 관점으로 본
하존 요한 계시록 3권(계9-계12장 까지)
계시라는 말에는 헬라어 '아포칼룹시스'와 히브리어 '하존'이라는 말이 있는데 '아포칼룹시스'는 자연계시, 일반계시, 특별계시, 기타등등의 계시라 해서 광역적인 계시를 말하고, 하존이란 한 가지 주제에 포커스(초점)을 맞추고 집중 조명하는 것을 말하는데 제가 쓴 책인 이 요한 계시록이라는 책이 바로 종말(하존)에 포커스를 맞추고 쓴 책입니다. (가격 11,000원)

헬라어적 관점과 역사론적 관점과 관용어적 관점으로 본
하존 요한 계시록 4권 (계13-계17장 까지)
이 책을 선택하신 여러분은 탁월한 선택을 하신 것입니다. 왜냐하면, 한국에서 헬라어적 관점과 역사론적 관점과 관용어적 관점으로 요한 계시록이란 책을 쓴 사람이 없고, 이 세 가지 입장에서 세미나를 하시는 분도 한 분도 없기 때문입니다. 그러나 저는 이 세 가지 관점에서 이 책을 썼습니다. (가격 12,000원)

헬라어적 관점과 역사론적 관점과 관용어적 관점으로 본
하존 요한 계시록 5권 (계18-계19장,계21-계22장 까지)

관용어란 히브리어로 '마샬'이라 하는데 이 말은 잠언을 말하는 말인데 그 뜻은 "속담, 격언, 관용어"란 뜻을 가지고 있습니다. 그런데 이 마샬에서 비유라는 사복음서의 파라볼레가 유래 되었는데 이를 관용어라 합니다. 그런데 놀랍게도 요한 계시록은 제1장부터 22장까지 이 비밀코드인 마샬(파라볼레=관용어)로 다 연결되어 있다는 것입니다. (가격 12,000원)

헬라어적 관점과 역사론적 관점과 관용어적 관점으로 본
하존 요한 계시록 6권 (계22장)

계시록은 관용어라는 비밀코드로 연결되어 있습니다. 그러므로 이 관용어인 비밀코드를 알지 못하면 요한 계시록은 해석될 수 없습니다. 그런데 저의 본 책이 바로 이 비밀코드를 푸는 열쇠가 될 것입니다. 왜냐하면, 계시록에 나와 있는 관용어를 다 정리해 놓았기 때문입니다. 여기서 관용어란 속담,격언,잠언,비유를 말하는 말입니다. (가격 12,000원)

뉴 동의보감

어느 약사 장로님이 저의 이 책을 보시고 말씀하시길 "허준의 동의보감보다 목사님이 쓰신 이 책이 동의보감보다 더 잘 쓰셨습니다" 하고 말씀 하시는 것을 들어 보았습니다. 그 약사 장로님이 말씀 하신 것 같이 이 책에는 어느 병에는 어느 약초들이 좋은지 그 약초들의 소개로 가득차 있습니다. 저 또한 몸에 병이 올때 제가 쓴 이 책에 나오는 약초들을 사용함으로 거의 대부분의 병을 치료받곤 했습니다.(가격 11,800원)

나는 기도응답을 100% 받고 있다

저자 오흥복 목사는 2003년까지만 해도 기도응답을 거의 받지 못했지만 기도의 방법을 바꾸고 나서 거의 100% 기도 응답을 받고 있다. 이 책에서는 이렇게 거의 100% 기도 응답 받을 수 있는 방법이 제시되고 있다. 여러분들도 이 책에서 제시하는 방법대로 기도하는 순간, 기도응답을 거의 100% 가까이 받게 될 것이다. (가격 12,000원)

기도응답은 만들어 받는 것이다

이 책은 1권인"나는 기도응답을 100% 받고 있다"라는 책의 후속 편으로 1권을 기반으로 썼기 때문에 1권을 보시지 않고, 이 책을 읽으면 잘 이해가 되지 않는 부분이 있습니다. 그러므로 반드시 1권을 읽으시고 이 책을 대하시길 바랍니다. 이 책은 지금 당장 문제 가운데 있는 분들이 보신다면 흑암의 터널을 통과하는 서광이 될 것입니다. (가격 11,000원)

이젠 돈 걱정 끝

이 책은 물질에 대한 이해와 기본구도에 대해 설명하고 있는데 이 책을 보시면 물질이 어떻게 움직이는지 알게 됩니다. 뿐만 아니라 이 책의 핵심은 번제인데, 번제는 힘으로도 안 되고, 눈물로도 안 되고, 기도로도 안 되던 문제를 해결하는 만병통치약과 같은 것으로 이 번제에 대하여 아주 잘 설명하고 있습니다. 또한 이 책과"부자들의 이야기 그들은 이렇게 해서 부자가 되었다라는 책과 한국의 탈무드1.2.3"권은 한 권의 책이라 보시면 됩니다. 그러므로 물질 문제를 해결하기 위해서는 이 책과 부자들의 이야기와 한국의 탈무드1.2.3권의 책을 반드시 같이 보셔야 합니다.(가격 12,000원)

한국의 탈무드 1

이 책은 묵상이 무엇이며, 무엇을 묵상해야 하며, 인생의 답인 지혜에 대하여 자세히 다루고 있습니다. 또한 이 책에서는 솔로몬이 가졌던 지혜를 누구나 가질 수 있음을 말하고 있는데, 그 방법은 4가지를 통해 가질 수 있고, 또한 생활 가운데 그 지혜를 활용하는 방법이 소개되고 있습니다. 사실 이 책과"이젠 돈 걱정 끝이란 책과 부자들의 이야기 그들은 이렇게 해서 부자가 되었다"란 책은 한 권이라 보면 됩니다. 그러므로 이 책을 보신 분들은"이젠 돈 걱정 끝과 부자들의 이야기"라는 책을 반드시 참고 하셔야 합니다.(가격 11,000원)

한국의 탈무드 2

이 책은"한국의 탈무드 1"을 기반으로 쓰여 진 책으로 성공의 원리와 삶의 원리를 다루고 있습니다. 성공도 그렇고, 삶도 그렇고 모든 것에는 원리가 있습니다. 그래서 이 원리에 맞게 움직이면 우리는 누구나 다 성공할 수 있고, 원리에 맞게 움직이지 않으면 공부를 많이 했어도 실패할 수밖에 없는 것입니다. 저는 이 책에서 지혜를 갖는 원리와 성공과 생활의 원리 약80여 가지를 다루고 있습니다. 여러분들이 이 책에 나와 있는 원리를 잘 알고, 적용하시면 아마 100%성공적인 삶을 살게 될 것입니다. (가격 11,000원)

한국의 탈무드 3
하나님이 주신 지혜인 영감과 원리를 가지면 세상을 정복할 수 있습니다. 그런데 이 책엔 이런 원리와 예화가 가득 차 있습니다. 저는 개인적으로 지혜만 가지고 있으면 사막과 황무지에서도 살아남고 성공할 수 있다고 봅니다. 그런데 저의 책 "한국의 탈무드 1.2.3"권이 이런 지혜를 주는 지혜의 보고가 될 것입니다. 이 책엔 2권에서 다 말하지 못한 원리들과 지혜 예화들이 나오고 있습니다. 그러므로 이 책의 원리와 예화를 그대로 적용하시면 아마 100% 성공적인 삶을 살지 않을까 생각합니다. (가격 11,000원)

임재 기도의 힘, 생각만 해도 응답 받는다
이 책은 임재와 기름부음의 차이와, 어떻게 하면 성령의 임재 가운데 있을 수 있는지 아주 잘 설명하고 있고, 또한 어떻게 하면 생각만 해도 응답 받는지에 대하여 잘 설명하고 있습니다. 뿐만 아니라 방언에 대한 오해와 궁금한 모든 것을 아주 자세히 설명하고 있습니다. 이 책을 보시면 누구나 방언을 말하게 될 것이며 또한 '성령을 이해하면 당신도 환상과 예언을 할 수수 있다'라는 책은 이 책의 후속편이오니 참고해 주셨으면 합니다. (가격 11,000원)

성령을 이해하면 당신도 환상과 예언을 할 수 있다
이 책은 "임재 기도의 힘, 생각만 해도 응답 받는다"의 후편으로 성경에 나와 있는 9가지 은사를 어떻게 받으며, 은사를 사용하는지에 대하여 다루고 있습니다. 그 뿐 아니라 우리의 초미의 관심이 되는 환상에 대하여 자세히 다루고 있으며, 또한 예언하는 방법에 대하여 자세히 다루고 있습니다. 이 책을 읽으시고, 바로 이해만 하신다면 이제는 누구나 환상을 볼 수 있게 되고, 예언을 할 수 있게 될 것입니다. (가격 11,000원)

부자들의 이야기 그들은 이렇게 해서 부자가 되었다
이 책은 록펠러와 빌게이츠와, 샘 월튼과, 호텔왕 콘래드 힐튼과, 워렌 버펫과, 한국의 부자들이 실제로 어디에 어떻게 투자해서 부자가 되었는지 그들의 투자 노하우가 그대로 심층 분석되어 있습니다. 이 책을 보시고 이 책에서 제시하는 방법대로 투자하면 당신도 부자가 될 수 있을 것입니다. 다시 말해 실전 투자 방법들이 소개되고 있습니다. 사실 이 책과 "이젠 돈 걱정 끝과 한국의 탈무드1.2.3권은 한권의 책이라 봐야 할 것입니다. 그러므로 이 책을 보신 후 그 책들을 참고해 주셨으면 합니다. (가격 12.000원)

영적존재에 대한 이야기
이 책은 여섯 가지 영적 존재인 하나님과 천사와 사람과 마귀와 귀신과 미혹의 영에 대하여 아주 자세히 쓰고 있습니다. 이 책을 읽으시면 여섯 가지 영적 존재의 움직임을 자세히 알게 되어 가만있어도 여섯 가지 영적 존재가 어떻게 활동하는지를 알게 될 것입니다. 이 책을 한마디로 말하면 여섯 가지 영적 존재를 아는 필독 도서라 보면 될 것입니다. (가격 11,000원)

다가온 종말론
종말론에 대한 책들이 많이 있지만 이 책은 주님이 보시는 종말론을 기록하였습니다. 저는 감히 말씀 드립니다. 펠라지역을 모르면 종말론을 다시 해야 한다고 말입니다. 그 정도로 종말론에 있어 펠라지역은 중요합니다. 그런데 이 펠라 지역에 대한 정보가 바로 이 책에 기록되어 있습니다. (가격 11,000원)

성경 보는 눈을 열어주는 창세기
우리는 창세기하면 그저 신비로 생각하는데, 중요한 것은 우리가 성경을 아는데 있어 교두보의 역할을 하는 것이 바로 창세기라는 것입니다. 그러므로 우리가 창세기를 잘 알지 못하면 성경을 이해하는데 어려움을 겪게 되어 있는 것입니다. 왜냐하면 성경의 비밀이 창세기 안에 다 들어 있기 때문입니다.(가격 11,000원)

삼위일체와 예수
우리는 삼위일체 하면 굉장히 어려워합니다. 그러나 실제로 삼위일체는 신비가 아니라 아주 쉬운 부분에 해당합니다. 이 책에는 이 삼위일체의 비밀을 잘 설명하고 있으며, 우리가 믿는 예수님에 대한 신비를 이해하기 쉽게 기록하고 있습니다. 그러므로 삼위일체와 예수님에 대하여 알고 싶으시면 이 책을 꼭 보시길 바랍니다. (

가격 11,000원)

상상하며 기도 하면 100% 응답 받는다

이 책은 제가 지난 24년 동안 기도 응답에 대하여 연구하기 시작하면서 응답 받았던 부분을 종합해 본 결과 얻어낸 결론이며 또한 지난 7년 전부터 이 결론을 가지고 임상실험을 해 기도응답을 거의 100% 받은 비밀을 그대로 공개하고 있습니다. 그래서 이 책을 저는 기도응답의 결정판이라 말하고 싶습니다. 여러분들도 이 책에서 제시하는 방법대로만 기도하신다면 틀림없이 100% 받게 될 것입니다. (가격 6,000원)

주님을 눈물로 사랑하면 복들이 온다.

기도응답을 받기 위해서는 우리가 하나님이 사랑하시는 분을 사랑하면 되는데 그 첫째가 말씀이고 둘째는 예수님이십니다. 이 말씀과 예수님을 눈물로 사랑하면 돈을 비롯한 영혼이 잘되고, 범사가 잘되고, 강건한 복을 받게 됩니다. 그런데 이렇게 말씀을 눈물로 사랑하는 방법이 주어 3인칭을 주어 1인칭으로 바꾸면 되고, 주님을 사랑하되 사랑하는 증거를 가지고 있으면 됩니다. 자세한 내용은 이 책을 구입해서 읽어 주시길 바랍니다. (가격 6,000원)

다바르(이름대로 된다)

다바르라는 말은 말이 현실로 되는 창조적인 말을 의미하는 히브리어입니다. 우리나라 말에 '말에 씨가 있다'라는 말이 있는데, 이 말을 성경 식으로 표현하면 바로 다바르가 되는 것입니다. 어떤 사람은 뒤로 넘어져도 코가 깨지고 안 되지만 어떤 사람은 뒤로 넘어져도 일어날 때 돈을 줍고 성공하게 되는데, 이렇게 인생에서 실패와 성공을 좌우하는 이유가 바로 이름 때문입니다. 즉 다바르의 역사 때문입니다. 이 책을 읽어 보시면 이름의 중요성과 다바르의 중요성을 알게 되어 이제부터 성공적인 인생을 살게 될 것입니다. (가격 6,000원)

성경 보는 안경 1 (상)

우리가 성경을 가장 짧은 시간 내 독파할 수 있는 방법이 있는데 그것은 바로 성경의 용어를 잘 이해하는 것입니다. 저는 이 책을 조직신학 해석집이라 할 정도로 성경의 용어들을 읽기만 해도 쏙쏙 해석 될 수 있게 기록했습니다. 그러므로 한번 구입해서 상, 하권 두 권을 읽어 보시면 여러분들이 지금까지 궁금해 했던 성경에 대한 모든 답을 다 찾아낼 것이며 성경에 대한 궁금증이 다 사라질 것입니다. 상하권 두 권으로 되어 있으며 반드시 두 권 다 구입해 읽으셔야 합니다. (가격 11,000원)

성경 보는 안경 2 (하)

이 책은 성경 보는 안경이라는 1권(상) 책에서 다루지 못한 내용을 이어 쓴 2권(하) 책으로 역시 기존에 어렵기만 했던 성경 용어들을 쉽게 볼 수 있게 해석해 놓은 책입니다. 우리가 성경을 단기간에 돌파할 수 방법이 있는데 그것은 성경 용어를 잘 이해하면 됩니다. 그런데 이 책은 1권(상)에 이어 읽기만 해도 성경용어들이 잘 이해 될 수 있게 썼습니다. 한번 구입해 읽어보시면 성경이 쉽고, 재미있다는 것을 알게 될 것입니다.(가격 11,000원)

암과 아토피와 성인병은 더 이상 불치병은 아니다

서양의학의 아버지인 히포크라테스는 말하길 "면역은 최고의 의사이며, 최고의 치료법이다" 라고 했고, 유명한 약학 전문가인 "샤무엘 왁스맨"은 "모든 질병을 고칠 수 있는 치료법은 이미 이 세상에 존재하고 있다" 라고 말했습니다. 이 책에는 바로 이런 불치병을 치료할 수 있는 방법을 자세히 다루고 있습니다.(가격 11,000원)

약이 없는 병은 없다 1

제가 약초와 한국의 풀들을 연구하며 느낀 것은 세상에 약이 없는 병은 단 한건도 없다는 것이었으며, 또한 사람이 자연수명을 다하지 못하고 죽는 이유가 약이 없어 죽는 것이 아니라 약을 찾으려 하지 않고, 약을 찾았어도 그 찾은 약을 믿지 않고 쉽게 포기해 버려서 죽는 다는 것이었습니다. 이 책을 보시면 모든 병에 반드시 약이 있다는 것을 알게 되실 것입니다. (가격 4,000원)

약이 없는 병은 없다 2

만병통치약은 없어도 모든 병엔 다 약이 있습니다. 이 책에 있는 약초들이 여러분의 병을 치료할 것입니다. 이 책은 한국의 나무와 풀들인 약초에 대한 것이 2권이고, 이 책에서 다루지 못한 부분은 제 3권에서 다루도록 하겠습니다. 여러분들이 이 책을 읽어 보시면 진짜 약이 없는 병은 없다는 것을 알게 되실 것입니다. 제가 이 책을 쓴 이유는 우리 믿는 모든 성도들이 이 책을 읽으시고 120살 까지 건강하게 무병장

수 하셨으면 해서 쓰게 되었습니다.(가격 10,000원)

약이 없는 병은 없다 3

하나님이 주신 나무와 풀인 약초 안에 모든 병에 대한 약인 만병통치약이 있습니다. 이 책에 나와 있는 약초와 풀들이 당신의 병을 치료하는 만병통치약이 될 것이며, 우리가 약초에 대하여 잘 알면 진짜 약이 없는 병은 없다는 사실을 알게 될 것입니다. 저는 우리 성도들이 나무와 풀인 좋은 약초를 드시고 120살 까지 무병장수했으면 합니다. 이 책을 읽어 보시면 120살 까지 장수한다는 것이 결코 불가능한 일만은 아니라는 사실을 알게 될 것입니다.(가격 10,000원)

세포를 치료하면 모든 병(암)이 치료된다.

우리 몸의 구조는 물이라고 하는 피가 70%이고, 세포가 30%로 구성되어 있습니다. 그러므로 우리 몸에 문제가 생기면 물이라고 하는 피와 세포를 치료하면 자동적으로 병은 치료 되게 되어 있는 것입니다. 그런데 피에 관한 문제는 혈액순환에 관한 문제이며, 세포에 관한 문제는 8가지 당에 관한 문제입니다. 이 책은 바로 이 피와 세포를 어떻게 하면 정상으로 만들 수 있는지를 다루고 있습니다. (가격 4,000원)

구원과 성막

이스라엘 사람들이 아론을 중심으로 눈에(출32:4) 보이는 하나님을 믿기 원하는 것을 하나님은 아시고 하나님은 그들을 심판했지만 한편으로는 눈에 보이는 하나님을 믿고 싶어 하는 사람의 마음을 이해하셔서 하나님의 얼굴인 성막을 주셨는데 그분이 바로 예수님이십니다. 이 책엔 여러분들이 신앙생활하며 궁금해 했던 구원의 3단계와 성막에 대하여 쉬우면서도 심도 있게 다루고 있으니 구원의 확신이 없으신 분들이나 성막에 대하여 궁금 하셨던 분들이 보시면 신앙생활에 많은 도움이 될 것입니다. (가격 11,000원)

침례와 성경

저는 모든 성도들이 반드시 침례를 받아야 한다고 개인적으로 주장하는데 제가 왜 이렇게 강하게 주장하는지 그 이유가 이 책에 나옵니다. 또한 성경이 무엇이며 왜 우리가 성경을 믿어야 하며 또한 사장되어 있는 말씀을 어떻게 레마로 살려내야 하며 어떻게 해야 말씀을 굳게 잡아 말씀이 그대로 이루어지게 하는지 그 방법이 소개되고 있습니다. 그러므로 당신도 이 책에서 말씀 하는 대로 하면 말씀이 레마로 역사하는 것을 체험하게 될 것입니다.(가격 11,000원)

성경의 진수(1)
성경을 입체적으로 볼 때 성경이 한눈에 들어오게 되어있습니다. 그런데 성경을 입체적으로 보는 방법은 성경에 나와 있는 단어들을 바로 알면 됩니다. 그런데 이 책을 포함해「삼위일체와 예수」,「다가온 종말론」,「영적존재에 대한 이야기」,「성경 보는 눈을 열어주는 창세기」,「성경 보는 안경1(상).2(하)권」,「구원과 성막」,「침례와 성경」,「성경의 진수 1.2권」등 10권의 책을 읽어 보시면 당신도 바로 성경의 전문가 될 수 있을 것입니다. 왜냐하면 이 책들이 바로 성경을 입체적으로 기록해 놓았기 때문입니다. (가격 11,000원)

성경의 진수(2)
성경은 단어들의 연속으로 구성 되어 있습니다. 그래서 성경에 나와 있는 단어들만 완벽하게 이해하고 바로 알기만 하면 성경을 관주해서 볼 수 있게 되어 있습니다. 이 책은 이렇게 당신에게 성경에 나와 있는 용어들을 이해하는데 길잡이가 될 것이며 또한 이 책에 나와 있는 용어를 바로 알면 성경의 진수를 알게 될 것이며 성경을 통달하게 될 것입니다. (가격 11,000원)